Monika Kuchenwald / Birgit Borcherding

Gemeinsam beginnen

in Religion Klasse 1–4

Cornelsen

Die Autorinnen

Monika Kuchenwald ist Grundschullehrerin und arbeitet als Kernseminarleiterin und als Fachleiterin für Katholische Religionslehre am ZfsL Bonn.
Birgit Borcherding ist Grundschullehrerin und arbeitet als Kernseminarleiterin und als Fachleiterin für Evangelische Religionslehre am ZfsL Bonn.

Textquellen

S. 11: Manfred Mai (1986): Leicht und schwer. In: ders.: 1 000 Wünsche. Ravensburg: Otto Maier Verlag, S. 12; **S. 17:** Hans Manz, Freundschaften (1991). In: ders.: Die Welt der Wörter, Sprachbuch für Kinder und Neugierige. Weinheim und Basel: Beltz & Gelberg, S. 189; **S. 56:** Bist du ein Haus aus dicken Steinen. Text: Bäcker, Reinhard © Menschenkinder Verlag, Münster; **S. 61** Mascha Kaléko: Memento. In: dies.: Verse für Zeitgenossen. Erschienen 1958 im Rowohlt Verlag, Reinbek. © 2015 dtv Verlagsgesellschaft, München

Projektleitung: Renate Wachinger, Gabriele Teubner-Nicolai, Berlin
Redaktion: Daniela Brunner, Korschenbroich
Umschlaggestaltung: Ungermeyer, Berlin
Illustration Umschlag: Cleo-Petra Kurze, Berlin
Illustrationen Inhalt: Cleo-Petra Kurze, Berlin; Kristina Klotz, München;
Monika Kuchenwald, Hürth; Lilliane Oser, Hamburg
Layout und technische Umsetzung: LemmeDESIGN, Berlin

www.cornelsen.de

1. Auflage 2016

Druck: CPI – Clausen & Bosse, Leck

ISBN 978-3-589-15760-0

Inhalt gedruckt auf säurefreiem Papier aus nachhaltiger Forstwirtschaft.

Hinweis: Sie können die Materialseiten und Kopiervorlagen auf dem Kopierer auf 141 % vergrößern, um eine DIN-A4-Seite zu erhalten.

Vorwort

Guter Religionsunterricht erfüllt den Anspruch der Kinder auf religiöse Bildung und befähigt sie zu verantwortlichem Denken und Verhalten im Hinblick auf Religion und Glaube (vgl. LP Evangelische Religionslehre Grundschule und LP Katholische Religion Grundschule). Entsprechend haben wir vorrangig Methoden gewählt, die die Kinder zum Theologisieren anregen und zu eigenständigem Denken und Urteilen herausfordern.

Bei der Auswahl der Inhalte wurde darauf geachtet, dass sie sowohl im Lehrplan für Katholische Religionslehre als auch im Lehrplan für Evangelische Religionslehre verankert und im Rahmen konfessionell ausgestalteter Unterrichtsreihen im Katholischen wie im Evangelischen Religionsunterricht einsetzbar sind. Die meisten Methoden sind zudem offen für unterschiedliche Inhalte und können, wenn sie erst einmal von den Kindern beherrscht werden, bei verschiedenen Themen eingesetzt und genutzt werden. Differenzierung ist in den meisten Methoden immanent enthalten, da sie auf unterschiedlichen Sprachniveaus und individueller religiöser Reife bearbeitet werden können. Damit wird der Heterogenität der Kinder Rechnung getragen. Bei zunehmender Methodenbeherrschung können zum gleichen Inhalt verschiedene Methoden parallel angeboten werden. So kann der Religionsunterricht weiter geöffnet werden und dadurch stärker auf die individuellen Wünsche und Fähigkeiten der einzelnen Kinder eingehen. Dies wirkt sich positiv auf den Lernerfolg aller Kinder aus und erhält ihre Motivation, sich aktiv mit dem jeweiligen Lerninhalt auseinander zu setzen.

Bei der Konzeption dieses Bandes haben wir ebenfalls darauf geachtet, dass die Vorbereitungszeit im Rahmen bleibt. So werden zu einigen Ideen Kopiervorlagen (KV) angeboten. Für andere wird möglichst wenig Material benötigt oder nur solches, das in der Regel in jedem Klassenzimmer vorhanden ist.

Eine Zeitangabe, die über den erwarteten Zeitbedarf informiert, ist jeder Idee beigefügt. Ebenso wird eine Empfehlung für die Klassenstufe ausgesprochen. Zu jedem Lernprozess ist ein exemplarischer Ablauf beschrieben, teilweise durch ein kurzes Beispiel verdeutlicht und durch Tipps unterstützt. Alle Methoden sind individuell modifizierbar; zum Teil haben wir Varianten und mögliche Weiterführungen beschrieben.

In Anlehnung an die Lehrpläne gliedert sich der Inhalt dieses Bandes in sieben thematische Teilbereiche:

- Leben in einer Gemeinschaft
- Die Welt als Gottes Schöpfung
- Biblische Geschichten
- Feste im Kirchenjahr
- Symbole
- Nach Gott fragen, zu Gott sprechen
- Ideen für alle Bereiche

Viele der Methoden sind auch für Themen nutzbar, die wir jetzt nicht berücksichtigen konnten.

Gefühle nachspüren

Klasse	Ab Klasse 1
Stundenthema	Weißt du, wie es mir geht?
Vorbereitung/ Material	Gefühlskärtchen (s. Material)
Besonderer Nutzen (inkl. Kompetenzen)	Förderung der Empathiefähigkeit, der Wahrnehmungsfähigkeit und der Ausdruckskompetenz

Möglicher Ablauf

- Die Kinder bilden Paare.
- Ein Kind zieht aus einem vorbereiteten Stapel ein Kärtchen, auf dem ein Gefühl vermerkt ist, ohne dieses seinem Partner zu zeigen.
- Vielmehr stellt es das Gefühl nach und setzt bewusst Mimik und Körperhaltung ein.
- Das Partnerkind spiegelt die Körperhaltung und den Gesichtsausdruck, fühlt sich ein und stellt dann Vermutungen über das dargestellte Gefühl an.
- Ist das Gefühl richtig benannt, zieht das Partnerkind ein Gefühlskärtchen. Ist das Gefühl nicht richtig erraten, versucht das erste Kind, eine noch ausdrucksstärkere Haltung zu finden.

Variante und Weiterführung	Die Kärtchen werden sukzessive um zunehmend schwieriger darzustellende Gefühle erweitert.

Material – Gefühlskärtchen

fröhlich	traurig	
ängstlich	wütend	

Gefühle verklanglichen

Klasse	Ab Klasse 2
Stundenthema	Meine Gefühle klingen so …
Vorbereitung/ Material	Instrumente, Bild- und Wortkärtchen zu Gefühlen (s. KV), KV Gefühle verklanglichen, KV Instrumente erforschen
Besonderer Nutzen (inkl. Kompetenzen)	Sich vertieft mit verschiedenen Gefühlen auseinandersetzen, indem diese passend verklanglicht werden

Möglicher Ablauf

- In der Kreismitte liegen Kärtchen mit Gesichtern, die verschiedene Gefühle ausdrücken, und dazu passende Wortkarten (aus KV Gefühle verklanglichen herstellen).
- Die Kinder ordnen gemeinsam die Kärtchen den Gesichtern zu und beschreiben die Gefühle. Gegebenenfalls stellen sie die Gefühle mimisch nach.
- Die Kinder bekommen in Partner- oder Gruppenarbeit die KV mit verschiedenen Gesichtern und verklanglichen die Gefühle mit passenden Instrumenten. Außerdem füllen sie die KV aus.

Tipps	▪ Damit die Kinder sich zuerst mit den verschiedenen Instrumenten vertraut machen können, empfiehlt es sich, eine Stunde „Instrumente erforschen" voranzustellen. Hierzu kann die gleichnamige KV genutzt werden. ▪ Zum Verklanglichen der Gefühle sollte am Anfang nur eine kleinere Auswahl von Instrumenten angeboten werden. Die Kinder sollten angeregt werden, den einzelnen Instrumenten verschiedene Töne zu entlocken und auch mit der Lautstärke zu experimentieren.
Variante und Weiterführung	▪ Die Kinder benennen weitere Gefühle und verklanglichen sie. ▪ Die Kinder spielen „Gefühle" vor, die anderen Kinder müssen das Gefühl erraten.

Name: Klasse: Datum:

Gefühle verklanglichen

Gesichtsausdruck	Gefühl	Instrument	Ton/Klang
	fröhlich, glücklich		
	traurig, unglücklich		
	wütend, sauer		
	ängstlich, panisch		
	verschämt		
	freudig, überrascht		
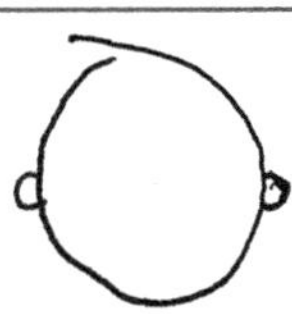			

Name: Klasse: Datum:

Instrumente erforschen

Instrument	Stimmung/Gefühl	Ton/Klang/Tonfarbe	Klingt wie …

Leerstellen füllen

Klasse	Ab Klasse 2
Stundenthema	Wir gehen freundlich miteinander um
Vorbereitung/ Material	KV mit dem Gedicht „Leicht und schwer" von Manfred Mai
Besonderer Nutzen (inkl. Kompetenzen)	Sich mit Möglichkeiten des freundlichen Umgangs miteinander beschäftigen und Bezüge zu biblischen Weisungen entdecken

Möglicher Ablauf

- Der Einsatz dieses Gedichtes empfiehlt sich dann, wenn in einer Klasse sehr häufig Streit und Konflikte auftreten und die Kinder sich im Rahmen dieser Konflikte heftig beschimpfen.
- In Anknüpfung daran wird zuerst nur die linke Seite des Gedichts groß im Sitzhalbkreis präsentiert. „Beliebte" Schimpfworte können dabei ggf. aufgegriffen werden.
- Es wird besprochen, wie die Kinder sich fühlen, wenn sie beschimpft werden und es wird erarbeitet, dass sich alle viel wohler fühlen, wenn sie freundlich miteinander umgehen.
- Danach wird die rechte Seite präsentiert und es werden gemeinsam ein paar freundliche Worte gesammelt.
- Anschließend gehen die Kinder auf ihre Plätze und füllen in EA oder PA die Leerstellen aus.

Variante und Weiterführung	▪ Die gefundenen freundlichen Worte können in einem Wortspeicher gesammelt und in der Klasse aufgehängt werden. So erinnern sie immer wieder daran, dass das Zusammenleben ohne Beschimpfungen viel schöner ist. ▪ Der Bezug zur Goldenen Regel kann hergestellt werden.

Name: Klasse: Datum:

Leicht und schwer

Es ist leicht andere zu beschimpfen:	Es ist schwer anderen etwas Nettes zu sagen:
Du Quatschkopf!	Du ___
Du Rindvieh!	Du ___
Du Sauertopf!	Du ___
Du Depp!	Du ___
Du Miesepeter!	Du ___
Du Idiot!	Du ___
Du Nasenbär!	Du ___
Du Schwein!	Du ___
Da findet man ohne langes Überlegen schnell die passenden Worte.	Da findet man trotz langem Überlegen schwer die passenden Worte.

Manfred Mai

Vertrauensseil

Klasse	Ab Klasse 1
Stundenthema	Ohne dich geht es nicht!
Vorbereitung/ Material	Ein langes dickes Seil
Besonderer Nutzen (inkl. Kompetenzen)	Erfahren, dass Gemeinschaft nur dann gelingt, wenn jede(r) seinen Beitrag bringt

Möglicher Ablauf

- Die Kinder stehen im Kreis. In der Mitte liegt ein langes, zu einem Kreis geknotetes Seil.
- Alle Kinder heben das Seil an.
- Wenn alle Kinder das Seil fest in der Hand haben, lehnen sie sich nach außen und werden so von den anderen gehalten bzw. halten sich gegenseitig.
- Im Anschluss daran wird die Notwendigkeit des Sich-aufeinander-verlassen-Könnens und des gegenseitigen Vertrauens für das Gelingen von Gemeinschaft besprochen.

Tipp	Je nach Gruppenzusammensetzung und -größe empfiehlt es sich, die Methode erst in kleinen Gruppen einzuüben.
Variante und Weiterführung	Auch die Chinesische Parabel macht deutlich, dass Gemeinschaft nur dann gelingt, wenn jede(r) seinen Beitrag bringt. Sie kann vorbereitend vorgelesen und besprochen werden. An den mit (?) gekennzeichneten Stellen empfiehlt es sich, Kinderäußerungen zuzulassen.

Material

Zwei Menschen wollten Hochzeit halten

Die Brautleute hatten nicht viel Geld, aber dennoch waren sie der Meinung, dass viele Menschen mitfeiern sollten. „Geteilte Freude ist doppelte Freude", dachten sie. Es sollte ein großes Fest werden, beschlossen sie, mit vielen Gästen. „Denn warum sollte unsere Freude nicht anstekend sein?", fragten sie sich. „Es herrscht unter den Menschen ohnehin mehr Leid als Freude." Also baten sie die Eingeladenen, je eine Flasche Wein mitzubringen. Am Eingang würde ein großes Fass stehen, in das sie ihren Wein gießen könnten – und so sollte jeder die Gabe des anderen trinken und jeder mit jedem froh und ausgelassen sein. Als nun das große Fest eröffnet wurde, liefen die Kellner zu dem großen Fass und schöpften daraus. Doch wie groß war das Erschrecken aller, als sie merkten, dass es Wasser war. Versteinert saßen oder standen sie da, als ihnen allen bewusst wurde, dass eben jeder gedacht hatte: (?)

„Die eine Flasche Wasser, die ich hineingieße, wird niemand merken oder schmecken." Nun aber wussten sie, dass jeder so gedacht hatte: „Heute will ich einmal auf Kosten anderer feiern." Unruhe, Scham und Unsicherheit erfasste alle, nicht nur, weil es lediglich Wasser zu trinken gab. Und als um Mitternacht das Flötenspiel verstummte, gingen alle schweigend nach Hause, und jeder wusste: (?) Das Fest hatte nicht stattgefunden.

(Chinesische Parabel)

„Was schenkst du mir?"

Klasse	Ab Klasse 1
Stundenthema	Wir sind eine Gemeinschaft
Besonderer Nutzen (inkl. Kompetenzen)	Darauf aufmerksam werden, dass das Zusammenleben in der Klasse positiv mitgestaltet werden kann

Möglicher Ablauf

- Die Kinder sitzen im Stuhlkreis.
- Kind A steht auf, geht zu Kind B und fragt: „Was schenkst du mir heute?" Das Kind antwortet z. B. „Ich spiele in der Pause mit dir." oder „Ich mache mit dir zusammen die Hausaufgaben." oder auch „Ich schenke dir ein Lächeln.", „Ich schenke dir ein Kompliment: Du bist lustig." o. ä.
- Nun setzt sich Kind A auf den Platz von Kind B und Kind B geht zu einem anderen Kind und stellt dieselbe Frage.

Tipp	▪ Vorher sollten gemeinsam Möglichkeiten des Schenkens gesammelt werden.
Variante und Weiterführung	▪ Dieses Spiel kann ein Anfangsritual werden, bei dem immer 3 bis 5 Kinder etwas „geschenkt" bekommen. ▪ In neuen Lerngruppen kann das Spiel auch zum Erlernen der Namen genutzt werden. Hierzu werden Frage und Antwort jeweils um den Namen des angesprochenen Kindes erweitert. ▪ Wenn die Kinder die Methode kennen und genügend Ideen für nicht-materielle Geschenke haben, kann die Methode auch so eingesetzt werden, dass die Kinder sich frei im Raum bewegen und sich auf ein akustisches Signal hin jedes Kind ein anderes Kind sucht. Nun beschenken sich die Paare gegenseitig. Vorteilhaft an dieser Form ist, dass alle Kinder aktiv werden und etwas geschenkt bekommen.

Mein Ziel der Woche

Klasse	Ab Klasse 1
Stundenthema	Leben in einer Gemeinschaft – da sein für andere
Vorbereitung/ Material	Satzstreifen oder Bilder
Besonderer Nutzen (inkl. Kompetenzen)	Einfühlungsvermögen im Hinblick auf die Verwirklichung von Gottes- und Nächstenliebe zeigen

Möglicher Ablauf

- Am Ende einer Unterrichtsreihe zum Thema „Leben in einer Gemeinschaft" werden den Kindern Satzstreifen präsentiert, auf denen Möglichkeiten notiert sind, wie sie Verantwortung für sich und andere übernehmen können.
- Die Kinder wählen eine Möglichkeit aus, die sie in der nächsten Woche bewusst verwirklichen möchten und heften ihren Namen daran.
- In der darauffolgenden Woche wird reflektiert, wie gut der Vorsatz verwirklicht werden konnte.

Tipp	Wenn die Kinder noch nicht gut lesen können, kann man die Möglichkeiten auch durch entsprechende Bilder präsentieren.
Variante und Weiterführung	• Wenn die Kinder mit der Methode vertraut sind, können auch leere Pappstreifen in die Mitte gelegt werden und die Kinder notieren darauf ihre eigenen Ideen zum „Ziel der Woche". • Diese Aufgabe kann sich auch an eine Unterrichtsreihe zum Thema „Heilige" („Menschen, die Gottes Liebe in ihrem Leben sichtbar machen und sich vorbildlich für andere einsetzen") anschließen. Hier kann konkret an den Handlungen der einzelnen Heiligen angesetzt werden. • Das Ziel der Woche kann auch auf andere Bereiche des Faches ausgeweitet werden: z. B. ab Klasse 3 auf konkrete Möglichkeiten der Kinder, die Schöpfung zu bewahren.

Problem der Woche

Klasse	Ab Klasse 2
Stundenthema	Konflikte im Zusammenleben
Vorbereitung/ Material	Sitzhalbkreis vor der Tafel
Besonderer Nutzen (inkl. Kompetenzen)	Lernen, für Konfliktsituationen verschiedene Handlungsmöglichkeiten zur Konfliktlösung zu entwickeln

Möglicher Ablauf

- Ein Kind schildert einen noch nicht gelösten oder immer wieder auftretenden Konflikt (s. Beispiel unten).
- Im Anschluss daran überlegen die anderen Kinder der Lerngruppe still mögliche Lösungen (ca. 2–3 Minuten).
- Dann äußert jedes Kind in einem Satz seinen Lösungsvorschlag.
- Die Lehrperson notiert die Vorschläge.
- Wenn alle Vorschläge notiert sind, gibt das Kind, das das Problem geschildert hat, ein Feedback, ob es genügend Anregungen bekommen hat und welche es besonders hilfreich findet.
- Das Kind erhält die notierten Vorschläge. So kann es sie zu Hause noch einmal in Ruhe überdenken und ggf. auch noch andere Vorschläge ausprobieren.

Beispiel

Klara passiert es immer wieder, dass ihre Freundinnen Anna und Marie sie in der Pause nicht mitspielen lassen. Im Sitzkreis erzählt sie kurz ihr Problem und fragt die anderen Kinder nach Ideen, was sie dann tun kann.
Die Kinder antworten reihum – wer keine Idee hat, gibt das Wort weiter.
Die Kinder äußern z. B. folgende Ideen:
„Sag es der Aufsicht, die kann denen dann sagen, dass sie dich mitspielen lassen sollen.“
„Lass sie doch einfach stehen und tu so, als wolltest du auch gar nicht mit denen spielen.“
„Dann komm zu uns und spiel mit uns.“
„Frag sie, warum sie dich nicht mitspielen lassen.“
„Such dir neue Freundinnen.“ etc.
Die Lehrperson schreibt die Ideen mit. Zum Schluss entscheidet sich Klara für einen der Vorschläge, den sie bei der nächsten Gelegenheit ausprobieren möchte.

Variante und Weiterführung	▪ Die Methode kann auch genutzt werden, um gemeinsam Möglichkeiten des Umgangs mit Unterrichtsstörungen zu erarbeiten. ▪ Nach dem Sammeln der verschiedenen Ideen wird demokratisch mit Mehrheitsentscheidung festgelegt, welche Lösung in der nächsten Woche erprobt wird. ▪ Die Lösung sollte aufgeschrieben und für alle sichtbar in der Klasse aufgehängt werden. So kann die Lehrperson bei Bedarf daran erinnern.

Kugellager

Klasse	Ab Klasse 2
Stundenthema	Die Goldene Regel (s. Material)
Vorbereitung/ Material	Die Goldene Regel auf einem großen Pappstreifen, Karteikarten DIN-A6-Format
Besonderer Nutzen (inkl. Kompetenzen)	Die Goldenen Regel als biblische Weisung individuell für das Zusammenleben deuten

Möglicher Ablauf

- Die Kinder sitzen an ihren Plätzen. Die Lehrperson hängt den Satzstreifen mit der goldenen Regel an die Tafel. Verständnisfragen werden geklärt.
- Die Kinder machen sich ca. 3 Minuten eigene Gedanken zu der Goldenen Regel und notieren diese ggf. auf einer Karteikarte.
- Die Kinder bilden einen Innen- und Außenkreis so, dass sie einander ansehen.
- Dann tauschen die Kinder sich mit ihrem Gegenüber über die Goldene Regel aus (2 bis 3 Minuten). Danach setzen sich die Kinder des Innenkreises auf ein akustisches Signal hin 3 Plätze weiter (im Uhrzeigersinn).
- Dieser Vorgang wird 3- bis 4-mal wiederholt.

Variante und Weiterführung	Diese Methode eignet sich für alle Themen, bei denen die Kinder sich zuerst einmal ihres individuellen Standpunktes bewusst werden und ihn im Austausch untereinander gegebenenfalls erweitern oder verändern sollen (z. B. „Die drei wichtigsten Regeln für unsere Klasse", „Die wichtigsten Merkmale einer Freundin/eines Freundes").

Material – Die Goldene Regel

Alles, was ihr wollt,

das euch die Menschen tun,

das tut auch ihr ihnen ebenso.

(Mt 7, 12 und Lk 6, 31)

„Textreduktion"

Klasse	Ab Klasse 2
Stundenthema	Freundschaft
Vorbereitung/ Material	Gedicht „Freundschaft" von Hans Manz
Besonderer Nutzen (inkl. Kompetenzen)	Über Erwartungen an Freunde nachdenken und ein eigenes Freundschafts-Gedicht schreiben

Möglicher Ablauf

- Die Kinder lesen gemeinsam das Gedicht „Freundschaft" von Hans Manz. Gegebenenfalls werden Verständnisfragen geklärt.
- Jedes Kind unterstreicht nun die 3 bis 5 wichtigsten Wörter des Gedichtes.
- Mit diesen Wörtern schreiben die Kinder ihr eigenes Gedicht.
- Die Gedichte werden (freiwillig) im Plenum vorgestellt. Sie können Ausgangspunkt für ein Gespräch darüber sein, welche Eigenschaften und Verhaltensweisen einem an Freundinnen und Freunden wichtig sind.

Material

Freundschaften

„Könntest du notfalls
das letzte Hemd vom Leib weggeben?
Dich eher in Stücke reißen lassen,
als ein Geheimnis verraten?
Lieber schwarz werden,
als jemanden im Stich lassen?
Pferde stehlen oder durchs Feuer gehen?"
„Ja."
„Auch für mich?"
„Ja."
„Dann bist du mein Freund."

„Und du? Könntest du notfalls verzeihen?"
„Es kommt darauf an, was."
„Dass ich vielleicht einmal nicht das letzte Hemd hergebe,
mich nicht immer in Stücke reißen lasse,
ausnahmsweise nicht schwarz werden will,
nicht in jedem Fall Pferde stehle oder durchs Feuer gehe?"
„Ja."
„Dann bist auch du mein Freund."

Hans Manz

Klassennetz

Klasse	Ab Klasse 3
Stundenthema	Ich bin viel wert
Vorbereitung/ Material	Wollknäuel
Besonderer Nutzen (inkl. Kompetenzen)	Sich eigener und fremder Stärken bewusst werden und in der Verschiedenartigkeit der Kinder der Klasse eine Bereicherung für das Zusammenleben entdecken

Möglicher Ablauf

- Die Kinder stehen im Kreis.
- Die Lehrperson beginnt: Sie hält das Ende des Wollknäuels fest und sagt z. B.: „Ich heiße Frau X und kann besonders gut singen."
- Dann wirft sie einem Kind das Wollknäuel zu. Das Kind fängt das Wollknäuel und sagt: „Du bist Frau X und kannst besonders gut singen. Ich heiße Y und kann besonders gut Fußball spielen."
- Dann hält auch dieses Kind den Faden fest und wirft das Wollknäuel weiter. Jedes Kind benennt jeweils die Stärke seiner Vorgängerin / seines Vorgängers und seine eigene. So entsteht zwischen allen Mitgliedern der Religionsgruppe ein Netz, welches die Verbundenheit untereinander und den Beitrag eines jeden sichtbar macht.
- Das Netz kann wieder aufgelöst werden, indem man das Wollknäuel in umgekehrter Reihenfolge zurückwirft. Dabei kann man die Stärken noch einmal benennen oder auch neue nennen lassen.

Tipp	Damit der Faden nicht so leicht verloren geht, können die Kinder ihn vor dem Abwurf um ihr Handgelenk oder um ihren Finger wickeln.
Variante und Weiterführung	Wenn die Kinder sich besser kennen, kann man das Spiel auch so durchführen, dass man jeweils eine Stärke desjenigen Kindes benennt, dem man das Wollknäuel zuwirft.

Farben sehen ohne Augen

Klasse	Ab Klasse 3
Stundenthema	Blind sein?
Vorbereitung/ Material	Das schwarze Buch der Farben von Menena Cottin, ggf. Arbeitsblatt zum Beschreiben der Farben mit allen Sinnen
Besonderer Nutzen (inkl. Kompetenzen)	Einfühlungsvermögen für die Situation blinder Menschen zeigen und in der Verschiedenartigkeit der Menschen eine Bereicherung für das Zusammenleben entdecken

Möglicher Ablauf

- Die Kinder sitzen im Kreis.
- Die Lehrperson legt als stummen Impuls „blind sein“ in die Mitte.
- Die Kinder äußern sich. Sie tauschen sich darüber aus, wie sie sich vorstellen, blind zu sein, welche Erfahrungen sie mit „Nicht-sehen-können“ gemacht haben und wie sie sich das Leben als blinder Mensch vorstellen.
- Im Anschluss daran liest die Lehrperson den Kindern „Das schwarze Buch der Farben“ vor.
- Die Kinder werden aufgefordert, zu überlegen, ob auch sie Farben hören, riechen, fühlen und schmecken können. Sie erkennen, dass alle Menschen Stärken und Schwächen haben, dass jeder Mensch eine Bereicherung ist und dass sie von jedem Menschen etwas lernen können.

Tipps	▪ Es ist sinnvoll, vorher mit den Kindern das Vertrauensspiel „Blindenführung“ durchzuführen. Das Spiel wird in Partnerarbeit durchgeführt. Einem Kind werden die Augen verbunden, das andere Kind führt das „blinde“ Kind z.B. über den Schulhof, durch die Pausenhalle oder Turnhalle o.ä. Aufgabe ist, das blinde Kind so zu führen, dass es nirgendwo dagegenläuft. Nach einiger Zeit wird gewechselt. ▪ Das Buch ist auch sehr gut zum Einsatz in inklusiven Klassen geeignet, da es die Kompetenzen des Menschen mit Behinderung betont und die Bereitschaft, voneinander zu lernen, fördert.
Variante und Weiterführung	▪ Die Kinder überlegen, wie verschiedene Farben für sie riechen, schmecken, sich anfühlen und klingen und schreiben dies auf. ▪ Im Plenum wird das eigene Erleben mit dem der anderen verglichen und die eigene Sicht gegebenenfalls erweitert.

Entscheidungsstühle

Klasse	Ab Klasse 3
Stundenthema	So ein Dilemma
Vorbereitung/ Material	2 Stühle vor einem Sitzhalbkreis, Text „So ein Dilemma"
Besonderer Nutzen (inkl. Kompetenzen)	Das moralische Urteil weiterentwickeln

Möglicher Ablauf

- Die Kinder sitzen im Halbkreis und hören eine Dilemmageschichte (s. Material).
- Im Gespräch wird zunächst herausgearbeitet, welche zwei Lösungsmöglichkeiten es für das Dilemma gibt.
- Dann wird ein Kind bestimmt, welches sich am Ende der Diskussion begründet für eine mögliche Lösung entscheiden soll.
- Die übrigen Kinder suchen in der Diskussion nun sowohl Argumente, die für die eine Lösung sprechen (das Kätzchen zu retten), als auch Argumente, die für die andere Lösung sprechen (sein Versprechen zu halten).
- Sie setzen sich nacheinander auf den entsprechend gekennzeichneten Stuhl und bringen Argumente für die jeweilige Lösung. Dabei können sie auch auf bereits vorgetragene Argumente eingehen.
- Nachdem alle Argumente gehört worden sind, setzt sich das „Entscheidungskind" auf einen Stuhl und begründet, warum es in seiner Entscheidung diesen Argumenten gefolgt ist.

Material

So ein Dilemma

Jan ist 9 Jahre alt. Er ist ein sehr lebhafter Junge, der sich gerne bewegt und sehr sportlich ist. Zum Leidwesen seiner Eltern hat er auch vor nichts Angst und so springt er über die breitesten Bäche und klettert auf die höchsten Bäume. „Eines Tages fällst du da mal runter", sagt seine Mutter oft – und so kommt es auch. Ein Ast bricht und Jan fällt zu Boden. Aber er hat Glück: Außer ein paar Schürfwunden ist ihm nichts passiert. Trotzdem muss er seiner Mutter in die Hand versprechen, nicht mehr auf Bäume zu klettern.

Ein paar Wochen später kommt Jan wie jeden Tag auf dem Schulweg an Frau Hansens Garten vorbei. Doch diesmal steht Frau Hansen ganz aufgeregt im Garten unter ihrem hohen Walnussbaum. Als sie Jan sieht, ruft sie ihn zu sich. „Du musst mir helfen, Jan", sagt sie, „mein Kätzchen ist aus dem Fenster im ersten Stock in den Baum geklettert und nun kommt es nicht mehr zurück. Es ist noch so klein. Ich habe solche Angst, dass es herunterfällt. Das überlebt es nicht. Bitte, Jan, du kannst doch so gut klettern. Bitte, rette mein Kätzchen!"

„Was soll ich nur tun?", denkt Jan verzweifelt, „ich habe Mama doch versprochen, nie mehr auf einen hohen Baum zu klettern ..."

Gruppenpuzzle

Klasse	Ab Klasse 3
Stundenthema	Andere Religionen – Islam oder Judentum
Vorbereitung/ Material	Texte über Koran, Mohammed, Ramadan, Moschee oder Texte über Thora, Schabbat, Pessach-Fest, Synagoge
Besonderer Nutzen (inkl. Kompetenzen)	Wichtige Elemente des muslimischen bzw. des jüdischen Glaubens kennenlernen, Förderung kooperativen Lernens

Möglicher Ablauf

- Die Kinder informieren sich in Vierer- bis Sechsergruppen über ein wichtiges Element des muslimischen bzw. jüdischen Glaubens.
- Sie lesen die Texte und notieren wichtige Informationen.
- Anschließend tauschen sich die Kinder in ihrer „Expertengruppe" über die Informationen aus und klären offene Fragen.
- In der darauffolgenden Stunde werden neue Gruppen gebildet und zwar so, dass aus jeder „Expertengruppe" ein Kind in eine neue Gruppe geht. So bilden Kinder jeder Ausgangsgruppe wieder neue Gruppen.
- Die Expertenkinder informieren die anderen Gruppenmitglieder über ihr Element des muslimischen Glaubens.

Variante und Weiterführung	▪ Alternativ können die neuen Gruppen jeweils ein Plakat mit den wichtigsten Informationen über die verschiedenen Elemente erstellen. Die Ergebnisse werden in einem Museumsgang verglichen und die eigenen Plakate gegebenenfalls ergänzt oder korrigiert. ▪ In der nachfolgenden Stunde erhalten die Gruppen wichtige Informationen/ Sätze über die einzelnen Elemente als Textpuzzle und setzen sie gemeinsam zusammen.

Ein Bild vervollständigen

Klasse	Ab Klasse 1
Stundenthema	Geborgen in Gottes Hand
Vorbereitung/ Material	„Die Schöpfung" von Sieger Köder, KV Geborgen in Gottes Hand
Besonderer Nutzen (inkl. Kompetenzen)	Freude und Dankbarkeit für die Schöpfung gestalterisch zum Ausdruck bringen

Möglicher Ablauf

- Die Kinder sitzen im Halbkreis um die Tafel.
- Der Schöpfungsbericht ist den Kindern meist bekannt. Er kann gegebenenfalls noch einmal kurz wiedergegeben werden.
- Die Lehrperson präsentiert das Bild „Die Schöpfung" von Sieger Köder (zu finden im Internet).
- Die Kinder äußern sich zum Bild: Im ersten Schritt sagen sie nur, was sie sehen.
- Erst in einem zweiten Schritt deuten sie das Bild und stellen Vermutungen dazu an.
- Gegebenenfalls finden die Kinder noch eine oder mehrere passende Überschriften zum Bild.
- Wenn die Kinder erkannt haben, dass auf dem Bild die Welt als Gottes Schöpfung dargestellt ist, die Gott immer noch in seinen Händen hält, präsentiert die Lehrperson das Bild mit leeren Händen (s. KV).
- Jedes Kind erhält dieses Bild als Arbeitsblatt und malt sich selbst und alle Geschöpfe Gottes, für die es ihm besonders dankbar ist, in diese Hände.

Tipp	▪ Es empfiehlt sich, die Bildbetrachtung mit den Satzanfängen „Ich sehe …" und „Ich denke …" oder „Ich vermute …" zu strukturieren.
Variante und Weiterführung	▪ Zum Abschluss kann sehr gut das Lied „Er hält die ganze Welt, in seiner Hand …" gesungen werden. Es unterstützt den Lerninhalt und vertieft einen emotionalen Zugang zu dem Thema.

Name: Klasse: Datum:

Geborgen in Gottes Hand

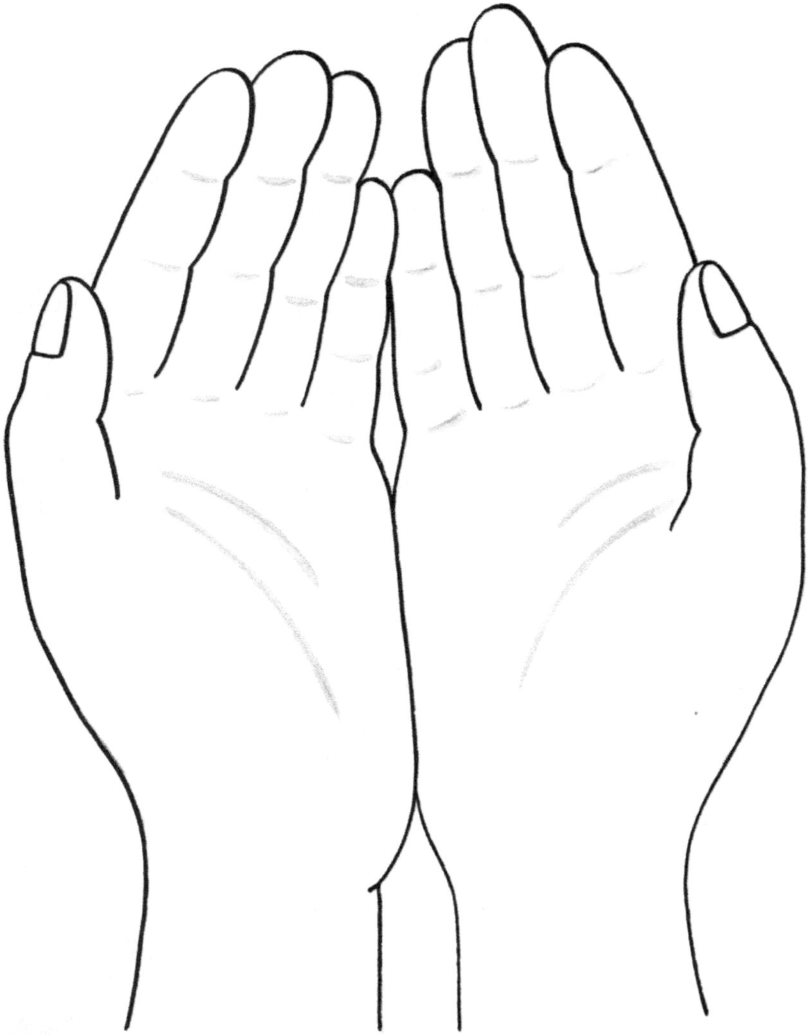

Geräusche wahrnehmen

Klasse	Ab Klasse 2
Stundenthema	Schöpfung
Vorbereitung/ Material	Ein Tonträger mit Naturgeräuschen
Besonderer Nutzen (inkl. Kompetenzen)	Kinder in ihrer Wahrnehmungsfähigkeit fördern, indem sie verschiedene Naturgeräusche hören und unterscheiden lernen

Möglicher Ablauf

- Zu Beginn einer Unterrichtsreihe zum Thema „Schöpfung“ spielt die Lehrperson den Kindern (selbst aufgenommene) Naturgeräusche vor, z. B.: Plätschern eines Baches, Vogelgezwitscher, Rauschen der Blätter, Gewitter, Pfeifen des Windes …
- Die Kinder erraten die Geräusche.
- Anschließend werden die Geräusche den einzelnen Gruppentischen zugeordnet.
- Während der gesamten Unterrichtsreihe ruft die Lehrperson die einzelnen Gruppen sukzessive mit diesen Geräuschen in den Kreis.

Tipp	▪ Die Regeln zur Kreisbildung müssen bekannt sein und (besonders für die Variante) beherrscht werden.
Variante und Weiterführung	▪ Wenn die Kinder schon sehr aufmerksam hören und die Geräusche gut unterscheiden können, können die Geräusche jede Stunde neu vergeben werden. Hierzu legt die Lehrperson entsprechende Geräuschkarten (s. Material) auf die einzelnen Gruppentische.

Material – Geräuschkarten

Mein Lieblingsplatz

Klasse	Ab Klasse 1
Stundenthema	Bewusstes Wahrnehmen der Schöpfung
Vorbereitung/ Material	Ggf. Papier, Stifte und eine feste Unterlage
Besonderer Nutzen (inkl. Kompetenzen)	Die Schöpfung mit allen Sinnen bewusst wahrnehmen und die Freude und Bewunderung für Schöpfungselemente auf verschiedene Art zum Ausdruck bringen

Möglicher Ablauf

- Die Kinder suchen sich im Schulgarten einen „Lieblingsplatz", an dem sie sich besonders wohl fühlen.
- Sie setzen sich dort hin und werden angeleitet, die Schöpfung um sich herum sukzessive mit allen Sinnen bewusst wahrzunehmen.
- Im Anschluss erzählen sie im Plenum, warum sie diesen Platz so schön finden und was sie wahrgenommen haben.

Variante und Weiterführung	▪ Die Kinder malen oder schreiben ihre Wahrnehmungen an ihrem Lieblingsplatz auf. ▪ Diese Methode kann auch im Rahmen einer Kirchenraumerkundung genutzt werden. Die Kinder suchen sich einen „Lieblingsplatz" in der Kirche und nehmen diesen mit allen Sinnen aufmerksam wahr.

Ein Bodenbild legen

Klasse	Ab Klasse 2
Stundenthema	Die Schöpfungsgeschichte (Gen 1,1–2,4)
Vorbereitung/ Material	Ein langer, in sieben Felder unterteilter Papierstreifen, Gegenstände aus der Schöpfungsgeschichte
Besonderer Nutzen (inkl. Kompetenzen)	Eine biblische Geschichte kennenlernen, in der von der Welt als Gottes Schöpfung erzählt wird; sich anregen lassen, die Dankbarkeit für die Geschöpfe Gottes zum Ausdruck zu bringen

Möglicher Ablauf

- Die Kinder sitzen im Kreis. In der Mitte liegt ein langer Papierstreifen, der in 7 Felder unterteilt ist.
- Jedes Kind erhält einen Gegenstand aus der Schöpfungsgeschichte oder eine bildliche Darstellung von diesem (Stern, Fisch, Vogel, Mensch ...) oder ein Schild mit der Aufschrift „Erster Tag“, „Zweiter Tag“ etc.
- Die Lehrperson liest langsam die Schöpfungsgeschichte vor (Gen 1,1–2,4) und die Kinder legen parallel die entsprechenden Materialien in das Bodenbild.
- Nachdem die Geschichte gelesen ist, bleibt der Inhalt auf diese Weise für alle sichtbar.

Tipp	▪ Die Kinder müssen vorher informiert werden, dass sie genau zuhören sollen und ihren Gegenstand, wenn er in der Geschichte erwähnt wird, unaufgefordert zu dem richtigen Tag bzw. in das richtige Feld legen sollen. ▪ Die Lehrperson muss beim Vorlesen entsprechend warten, bis alle Kinder gelegt haben.
Variante und Weiterführung	▪ Mit dem entstandenen Bodenbild kann so weitergearbeitet werden, dass die Kinder ihr Lob, ihren Dank und ihre Freude über einzelne Geschöpfe verschriften und zu den einzelnen Tagen legen. So wird sichtbar, für welche Geschöpfe die Kinder besonders dankbar sind. ▪ Die Methode ist sehr gut auch auf andere Geschichten übertragbar.

Akrostichon

Klasse	Ab Klasse 2
Stundenthema	Über die kleinen Wunder der Schöpfung staunen
Vorbereitung/ Material	Verschiedene Naturgegenstände mit den Kindern sammeln (z. B. Blumen, Stein, Blatt, Grashalm, Zapfen, Moos, Kastanien, Eicheln ...), Zeichenblockpapier
Besonderer Nutzen (inkl. Kompetenzen)	Freude, Lob und Dankbarkeit über die Schöpfung zum Ausdruck bringen

Möglicher Ablauf

- Die Kinder sammeln auf dem Pausenhof kleine Gegenstände aus der Natur, die sie besonders „ansprechen".
- Zurück im Klassenraum nimmt sich jedes Kind seinen Gegenstand aus der Natur.
- Dann werden die Kinder zu einem ruhigen, entspannten Betrachten ihres Gegenstandes angeleitet.
- Im Anschluss verfassen die Kinder auf dem bereitliegenden Zeichenblock ein Akrostichon zu ihrem Naturgegenstand.
- Dazu schreiben sie den Namen des Gegenstandes senkrecht auf ein Arbeitsblatt. Die Buchstaben geben den Zeilenanfang und die Länge des Akrostichons vor (s. Beispiele). Das Akrostichon sollte aus einem bzw. mehreren sinnvollen Sätzen bestehen und nicht bloß eine Aneinanderreihung unverbundener Wörter sein.
- Dann malen die Kinder den Gegenstand möglichst genau dazu und darum herum die Umgebung, in der sie den Gegenstand gefunden haben. Das bewusste, aufmerksame und genaue Wahrnehmen der Schönheit des Naturgegenstandes wird dadurch weiter unterstützt.

Beispiele

Auch die Bäume hat Gott erschaffen. Sein Werk mit Tausend Ästen und Blättern.	Stein – er sieht aus wie ein Gesicht oder wie Täler und Berge. Eiskalt sieht er aus. Jetzt Ist er warm von meiner Hand. Nun sind wir Freunde.

Tipp	Die Kinder werden schon vor dem Gang auf den Schulhof zur Ruhe angeleitet und darauf hingewiesen, dass sie leise und für sich alleine einen Gegenstand auswählen und mit in die Klasse nehmen sollen.
Variante und Weiterführung	Alternativ können die Kinder den Gegenstand zuerst möglichst genau abmalen. Das ist besonders für diejenigen Kinder von Vorteil, die nicht sofort eine Idee für das Akrostichon entwickeln, da das Malen sie entspannt.

Partnergespräch

Klasse	Ab Klasse 1
Stundenthema	Eine biblische Geschichte
Besonderer Nutzen (inkl. Kompetenzen)	Biblische Geschichten mit eigenen Worten wiedergeben

Möglicher Ablauf

- Die Lehrperson liest eine biblische Geschichte vor, z. B. das Gleichnis vom verlorenen Schaf (Lk 15, 1–7).
- Im Anschluss daran erzählen die Kinder die Geschichte leise in Partnerarbeit mit eigenen Worten nach.
- Offene Fragen und Wissenslücken werden zuerst mit dem Nachbar-Paar, dann gegebenenfalls im Plenum geklärt.

Variante und Weiterführung	- Das Partnergespräch kann auch gut zur Aktivierung des Vorwissens aus der vorangegangenen Stunde genutzt werden. Hierzu legt die Lehrperson einen stummen Impuls (z. B. ein Bild, eine Wortkarte o. ä.) in die Kreismitte. - Die Kinder wiederholen mit dem Partner den Inhalt der vorangegangenen Stunde.

Material

Das verlorene Schaf (Lk 15, 1–7)

Eines Tages waren zahlreiche Zöllner und andere, die einen ebenso schlechten Ruf hatten, zu Jesus gekommen und wollten ihn hören. Die Pharisäer waren darüber ärgerlich und sagten: „Er gibt sich mit den Gottlosen ab und isst sogar mit ihnen."

Da erzählte Jesus ihnen ein Gleichnis:

„Stellt euch vor, einer von euch hat hundert Schafe und eines davon verläuft sich. Lässt er dann nicht die neunundneunzig allein in der Steppe weiden und sucht das verlorene so lange, bis er es findet? Und wenn er es gefunden hat, freut er sich, nimmt es auf die Schultern und trägt es nach Hause. Dort ruft er seine Freunde und Nachbarn und sagt zu ihnen: ‚Freut euch mit mir, ich habe mein verlorenes Schaf wiedergefunden!' Ich sage euch: genauso freuen sich die Engel Gottes über einen einzigen Sünder, der ein neues Leben anfängt."

Stopp-Geschichte

Klasse	Ab Klasse 2
Stundenthema	Biblische Geschichten
Vorbereitung/ Material	Eine biblische Geschichte
Besonderer Nutzen (inkl. Kompetenzen)	Das Wissen über biblische Geschichten festigen

Möglicher Ablauf

- Die Lehrperson liest eine mit den Kindern erarbeitete oder bereits bekannte biblische Geschichte (z. B. Gen. 6,5–9, 17) vor.
- Die Kinder bewegen sich dabei ruhig und frei im Raum.
- Sobald die Kinder einen Fehler in der Geschichte bemerken (s. Beispieltext), bleiben sie stehen.
- Der Fehler wird im Plenum korrigiert.

Beispiel

Noah und der Regenbogen – Gott schließt einen Bund mit den Menschen

Gott sah, dass die Bosheit unter den Menschen auf der Erde mehr und mehr zunahm. Er *war froh* (bereute), dass er die Menschen erschaffen hatte. Er sagte: „Ich will die Menschen ausrotten und auch alle Tiere." Nur *Abraham* (Noah) fand Gnade in den Augen Gottes. Denn Noah war ein rechtschaffener Mann und lebte in enger Verbindung mit Gott. Deshalb sprach Gott zu ihm: „Mit den Menschen mache ich ein Ende. Ich werde sie alle vernichten. *Auch dich* (nur dich nicht). Baue dir eine Arche. Ich werde einen *starken Sturm* (große Flut) über die Erde hereinbrechen lassen, in der alles Leben umkommen soll. Nur mit dir schließe ich meinen Bund und verspreche dir: Du sollst *König werden* (gerettet werden). Geh *allein auf die Arche und nimm niemanden mit* (auf die Arche und nimm deine Frau, deine Söhne und deine Schwiegertöchter mit). Und nimm von allen Tieren ein Männchen und ein Weibchen mit, damit sie mit dir gerettet werden. Nimm auch Nahrung für alle mit …

Tipps	▪ Die Methode kann sowohl am Ende einer Unterrichtsreihe zur Überprüfung des erworbenen Wissens eingesetzt werden als auch innerhalb einer Unterrichtsreihe zu Beginn einer Stunde zur Aktivierung des Vorwissens. Wichtig ist, genau zu überlegen, welche Stellen wichtig sind und dort die Fehler einzubauen. Nur so kann überprüft bzw. sichergestellt werden, dass die Kinder die wichtigen Aussagen bzw. Merkmale der Geschichte kennen. ▪ Sie ist ebenso in größeren Abständen als wiederkehrendes Ritual zur Festigung bereits bekannter biblischer Geschichten einsetzbar.
Variante und Weiterführung	▪ Die Kinder sitzen an ihren Plätzen, den Kopf in den Armen. Bei einem Fehler melden sie sich oder richten sich leise auf. Bei dieser Variante wird das individuelle Wissen deutlicher sichtbar, da die Kinder sich weniger an den anderen Kindern orientieren können.

Fußspuren legen

Klasse	Ab Klasse 2
Stundenthema	Die Emmausgeschichte (Lk 24,13–33)
Vorbereitung/ Material	(Farbige) Fußspuren aus Papier, ggf. Kleber
Besonderer Nutzen (inkl. Kompetenzen)	Die Emmausgeschichte als Weggeschichte des Glaubens deuten

Möglicher Ablauf

- Die Lehrperson liest die Emmausgeschichte langsam und mit Unterbrechungen vor.
- Bei jeder Unterbrechung legen die Kinder eine bis zwei Fußspuren in der Farbe bzw. den Farben, die an diesem Punkt der Geschichte zu den Gefühlen und dem Glauben der Jünger passen. So wird die Veränderung der Jünger auf dem Weg und durch die Begegnung mit Jesus deutlich sichtbar.
- Mithilfe der Fußspuren können die Kinder die Geschichte im Anschluss noch einmal mit eigenen Worten erzählen und entsprechend ausschmücken. Dies kann im Plenum oder in Partnerarbeit geschehen.

Tipp	▪ Die Kinder müssen mit der Farbsymbolik vertraut sein.
Variante und Weiterführung	▪ Die Lehrperson liest erst nur die Geschichte vor. Danach erzählen die Kinder die Geschichte schrittweise mit eigenen Worten nach, legen dabei die jeweils passende Fußspur und begründen ihre Farbwahl. ▪ Die Kinder erhalten im Anschluss an das Vorlesen der Geschichte durch die Lehrperson ein Arbeitsblatt, auf dem die Geschichte in Abschnitten gedruckt ist und kleine weiße Fußspuren. In Partnerarbeit gestalten sie die Fußspuren farblich passend und kleben sie zu den jeweiligen Abschnitten. In einem Museumsgang können die unterschiedlichen Interpretationen betrachtet und verglichen werden.

Material

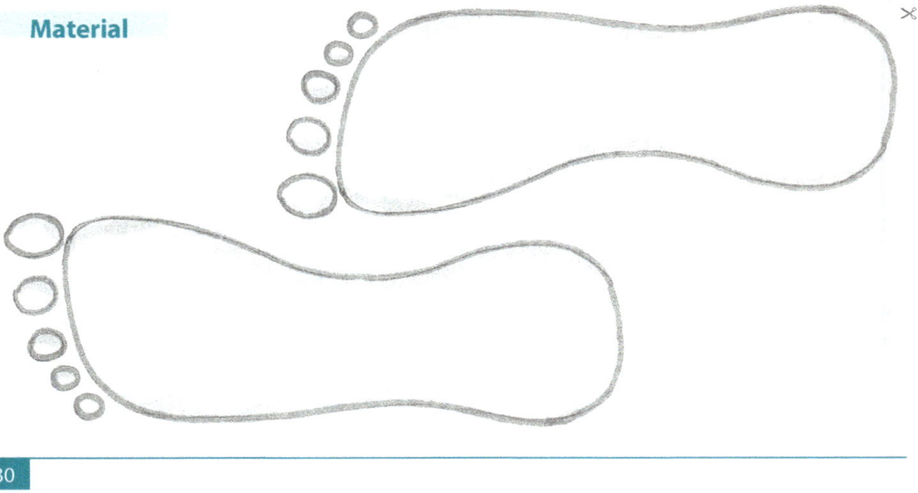

In ein Bild hineingehen

Klasse	Ab Klasse 2
Stundenthema	Jesus liebt die Kinder
Vorbereitung/ Material	Bild „Christus und die Kinder" von Emil Nolde
Besonderer Nutzen (inkl. Kompetenzen)	Erfahren, dass Jesus auch und gerade Kinder liebt und dass auch sie jederzeit zu ihm kommen dürfen

Möglicher Ablauf

- Die Kinder sitzen im Halbkreis um das Bild „Christus und die Kinder" von Emil Nolde (zu finden im Internet).
- Die Lehrperson liest die biblische Geschichte „Jesus segnet die Kinder" (Mk 10,13–16) vor.
- Die Kinder deuten das Bild vor dem Hintergrund der Geschichte. Die Lehrperson leitet die Kinder mithilfe der folgenden Anregungen dazu an, selbst in das Bild „hineinzugehen":

Schau dir das Bild genau an.
Wo würdest du in diesem Bild gerne sein?
Stelle oder setze dich in das Bild.
Was hörst du?
Was fühlst du?

Tipp	▪ Die Kinder brauchen Ruhe und ausreichend Zeit, ihren Platz im Bild zu finden und sich ganz in die Situation hineinzubegeben. Nur dann können sie auch etwas hören, sehen, riechen, fühlen.
Variante und Weiterführung	▪ Die Kinder können sich in das Bild hinein malen. ▪ In höheren Klassen können die Kinder auch einen Text über ihre Erlebnisse schreiben oder das Bild mit entsprechenden Sprechblasen mit dem Gehörten erweitern. Dazu kann man das Bild mittig auf ein leeres, größeres Blatt kleben, sodass rund um das Bild ein Rand entsteht, der mit Sprechblasen „gefüllt" werden kann.

Material

Jesus und die Kinder (Mk 10, 13–16)

Einige Leute brachten ihre Kinder zu Jesus, damit er ihnen die Hände auflegte, aber die Jünger wiesen sie ab. Als Jesus es bemerkte, wurde er zornig und sagte zu seinen Jüngern: „Lasst die Kinder doch zu mir kommen und hindert sie nicht, denn gerade für Menschen wie sie steht die neue Welt Gottes offen. Täuscht euch nicht: wer sich der Liebe Gottes nicht wie ein Kind öffnet, wird sie niemals erfahren." Dann nahm er die Kinder in die Arme, legte ihnen die Hände auf und segnete sie.

Biblische Geschichten verklanglichen

Klasse	Ab Klasse 2
Stundenthema	Zachäus (LK 19,1–10)
Vorbereitung/ Material	Instrumente, Bilder zur Geschichte (s. KV)
Besonderer Nutzen (inkl. Kompetenzen)	Sich vertieft mit einer biblischen Geschichte auseinandersetzen, indem sie mithilfe der Bilder mit eigenen Worten wiedergegeben und passend verklanglicht wird

Möglicher Ablauf

- Die Kinder bekommen in Partner- oder Gruppenarbeit die Bilder zur Geschichte.
- Sie bringen die Bilder in die richtige Reihenfolge und erzählen reihum dazu die Geschichte. Die anderen Kinder ergänzen gegebenenfalls.
- In einem zweiten Durchgang wird die Geschichte schrittweise mithilfe der Bilder erzählt und die Kinder suchen Instrumente/Klänge, die zu jedem Bild passen.

Tipp	Wenn der Lernschwerpunkt auf dem Verklanglichen liegt, können die Kinder auch ein Arbeitsblatt bekommen, auf dem in der linken Spalte die Bilder in der richtigen Reihenfolge untereinander abgebildet sind und in der rechten Spalte Platz ist, die passenden Instrumente und Klänge zu notieren.
Variante und Weiterführung	Die Gruppenergebnisse werden im Plenum vorgestellt und verglichen: Welches Instrument, welcher Ton/Klang passt für mich am besten zu dem Bild? Warum?

Material

Zachäus sitzt an der Zollstation und fordert Zoll für die Waren, die in der Stadt verkauft werden sollen.	Jesus kommt mit seinen Jüngern in die Stadt.
Die Menschen freuen sich und drängen sich um Jesus. Zachäus steht ganz hinten und kann Jesus nicht sehen.	Deshalb klettert Zachäus auf einen Baum, um Jesus sehen zu können.
Jesus entdeckt Zachäus auf dem Baum und spricht ihn an.	Jesus ist bei Zachäus Gast. Sie feiern zusammen ein Fest.

Name: Klasse: Datum:

Biblische Geschichten verklanglichen

Bibliolog

Klasse	Ab Klasse 3
Stundenthema	Biblische Geschichten
Vorbereitung/ Material	Eine biblische Geschichte
Besonderer Nutzen (inkl. Kompetenzen)	Biblische Geschichten aus verschiedenen Perspektiven erzählen und deuten

Möglicher Ablauf

- Die Kinder sitzen im Kreis.
- Die Lehrperson liest eine biblische Geschichte z. B. vom liebenden Umgang Jesu mit den Menschen vor.
- An passenden Stellen unterbricht die Lehrperson das Vorlesen und die Kinder äußern die Gedanken und Gefühle der Protagonisten an dieser Stelle des Textes.
- Dazu stellt sich die Lehrperson nacheinander hinter verschiedene Kinder und signalisiert durch Auflegen ihrer Hand auf die Schulter des Kindes, dass dieses nun in die Rolle des Protagonisten schlüpfen und dessen Gedanken und Gefühle in Ich-Form aussprechen kann.
- Dadurch wird eine intensive Auseinandersetzung mit dem biblischen Text und eine erste Interpretation angeregt.

Tipp	▪ Die Lehrperson sollte nur Kindern die Hand auf die Schulter legen, die sich melden.

Zwei-Seiten-Quiz

Klasse	Ab Klasse 3
Stundenthema	Das Land der Bibel
Vorbereitung/ Material	Frage- und Antwortkärtchen, ein Springseil, Ziffernkarten zum Kennzeichnen der Felder
Besonderer Nutzen (inkl. Kompetenzen)	Wichtige Landschaften und Städte der Bibel und die verschiedenen religiösen Gruppierungen zur Zeit Jesu kennenlernen

Möglicher Ablauf

- Zum Ende einer Unterrichtsreihe zum Land der Bibel erstellt die Lehrperson ein Quiz mit jeweils zwei Antworten (Antwort 1 und Antwort 2). Eine Antwort ist richtig, die andere ist falsch.
- Die Fragen beziehen sich entsprechend der Kompetenzerwartungen des Lehrplans auf die verschiedenen religiösen Gruppen zur Zeit Jesu und auf wichtige Landschaften und Städte in der Bibel. (Beispiele: Pharisäer waren 1. ein Volksstamm zur Zeit Jesu, oder 2. Schriftgelehrte? Jesus wurde 1. in Jerusalem geboren oder 2. in Bethlehem geboren?)
- Eine freie Fläche wird z. B. mit einem Springseil halbiert und die Felder mit 1 und 2 gekennzeichnet.
- Die Fragen und die beiden Antwortmöglichkeiten werden vorgelesen.
- Die Kinder entscheiden sich, welche Antwort sie für die richtige halten und stellen sich in das entsprechende Feld.
- So gewinnt die Lehrperson einen guten Überblick, welche Inhalte noch weiter vertieft werden müssen.

Tipp	▪ Dieses Spiel kann bei gutem Wetter auch sehr schön im Freien durchgeführt werden.
Variante und Weiterführung	▪ Man kann das Quiz auch als „Wettkampf" durchführen. Hierzu teilt man die Klasse in 2 oder mehr Gruppen. Jedes Kind, das im richtigen Feld steht, erarbeitet für seine Gruppe einen Punkt. ▪ Wenn den Kindern die Form des Quiz bekannt ist, können sie auch selbst Frage- und Antwortkärtchen erstellen und die Rolle des Spielleiters einnehmen.

Geschichten legen

Klasse	Ab Klasse 3
Stundenthema	Die Ostergeschichte
Vorbereitung/ Material	Gegenstände aus der Ostergeschichte (s. u.)
Besonderer Nutzen (inkl. Kompetenzen)	(Vor-)Wissen über die Ostergeschichte aktivieren, biblische Geschichten mit eigenen Worten wiedergeben, Stationen und Personen von Jesu Leiden, Tod und Auferstehung beschreiben

Möglicher Ablauf

- In der Mitte eines Sitzkreises liegen verschiedene Gegenstände aus der Ostergeschichte (Brot, Kreuz, ein Stück Stacheldraht, Esel, Palmzweig, Geldbeutel/-münzen …) oder Fotos von diesen Gegenständen.
- Verschiedene Kinder nehmen sich je einen Gegenstand und bringen die Gegenstände gemeinsam in die richtige Reihenfolge.
- Dabei erzählen sie ihren Mitschülerinnen und Mitschülern die Ostergeschichte mit eigenen Worten.

Variante und Weiterführung	▪ Diese Methode kann gut zu Beginn einer Unterrichtsreihe zu Passion und Auferstehung eingesetzt werden, da sie dann zum einen das Vorwissen der Kinder aktiviert, zum anderen der Lehrperson Klarheit darüber verschafft, welche Stationen und Personen (s. unten) den Kindern bekannt bzw. welche noch unbekannt sind. Dies kann bei den weiteren Planungen berücksichtigt werden. ▪ Der Einsatz dieser Methode ist auch am Ende der Unterrichtsreihe sinnvoll, um das neu erworbene Wissen gemeinsam zu festigen und zu vertiefen. ▪ Diese Methode eignet sich zudem für das gemeinsame Erzählen anderer biblischer Geschichten, z. B. der Weihnachtsgeschichte oder der Josefsgeschichte.

Wichtige Stationen und Personen

- Jesus zieht in Jerusalem ein (Mk 11, 1–11)
- Judas will Jesus ausliefern (Mk 14, 10–11)
- Jesus isst und trinkt mit den Jüngern beim letzten Abendmahl (Mk 14, 12, 17–25)
- Jesus kündigt die Flucht der Jünger und die Verleugnung des Petrus an (Mk 14, 26–31)
- Jesus betet in Getsemani (Mk 14, 32–42)
- Jesus wird gefangen genommen (Mk 14, 43–50)
- Jesus wird vom Hohen Rat verhört (Mk 14, 53–65)
- Jesus stirbt am Kreuz (Mk 15, 21–29)
- Jesus wird begraben (Mk 15, 42–47)
- Frauen erhalten die Botschaft von der Auferstehung Jesu (Mk 16, 1–8)
- Jesus erscheint den Jüngern bei Emmaus (Lk 24, 13–35)

Kreuz-Bilder sortieren

Klasse	Ab Klasse 3
Stundenthema	Passion und Auferstehung
Vorbereitung/ Material	Verschiedene Kreuz-Bilder, ein großes Holzkreuz oder zwei Holzbalken, ein schwarzes und ein weißes Tuch (oder schwarze und weiße Pappe)
Besonderer Nutzen (inkl. Kompetenzen)	Ein zentrales christliches Symbol deuten und Bezüge zu dem eigenen Leben herstellen

Möglicher Ablauf

- In der Mitte des Sitzkreises liegt ein schwarzes Tuch, direkt daneben ein weißes. Auf der Stelle, an der die beiden Tücher aneinanderstoßen, liegt ein großes Holzkreuz so, dass die eine Seite des Querbalkens auf dem schwarzen Tuch liegt, die andere auf dem weißen. Außen um die Tücher herum liegen unterschiedlichste Kreuzbilder.
- Mit den Kindern wird zunächst geklärt, dass das schwarze Tuch Tod und Trauer symbolisiert, das weiße Tuch Auferstehung und Hoffnung.
- Die Kinder nehmen sich jeweils ein Bild, legen es auf das schwarze oder auf das weiße Tuch und begründen, warum diese Kreuzdarstellung Tod und Trauer zeigt oder Auferstehung und Hoffnung.
- Im Anschluss daran können die Kinder angeregt werden, sich ein Kreuzbild auszusuchen, dessen Aussage am besten zu ihnen und ihrem aktuellen Leben passt. Wer möchte, kann seine Auswahl begründen.

Tipp	Die Kinder sollten wissen, dass das Kreuz im christlichen Glauben sowohl ein Symbol für Leid und Tod als auch ein Symbol für Auferstehung und Hoffnung auf ewiges Leben ist.
Variante und Weiterführung	Die Kinder werden angeregt, Kreuze in ihrer Lebenswelt zu fotografieren und mitzubringen. Auch diese können dann entsprechend geordnet werden. So werden die Kinder darauf aufmerksam, welche Kreuzdarstellungen in ihrer Umwelt überwiegen.

Lieblingsstellen-Plakat

Klasse	Ab Klasse 3
Stundenthema	Passion, Vorbereitung der Jünger (Mk 14, Joh 13, 14, 16)
Vorbereitung/ Material	Text, Stift, Papierstreifen, Kleber, Papier im DIN-A3-Format
Besonderer Nutzen (inkl. Kompetenzen)	Sich intensiv mit einem biblischen Text auseinandersetzen, die (individuelle) Kernaussage erkennen und so auch eine individuelle emotionale Beziehung zu dem Text aufbauen

Möglicher Ablauf

- Die Lehrperson liest den Text „Vorbereitung der Jünger“ vor.
- Gegebenenfalls werden Verständnisfragen geklärt.
- Im Anschluss daran erhält jedes Kind den Text, liest ihn mehrfach durch und unterstreicht dann seinen Lieblingssatz.
- Diesen Satz schreibt das Kind auf einen Papierstreifen und klebt den Streifen auf das gemeinsame Lieblingsstellen-Plakat.
- Die Sätze werden dann im Plenum nacheinander vorgelesen und die Kinder haben die Möglichkeit, ihre Wahl zu begründen und über die Lieblingssätze miteinander ins Gespräch zu kommen.

Material

Vorbereitung der Jünger (Mk 14, Joh 13, 14, 16)

Als das Abendmahl zu Ende war, bereitete Jesus seine Jünger auf das vor, was in dieser Nacht geschehen sollte.

Jesus sagte: „Euer Herz lasse sich nicht verwirren. Glaubt an Gott und glaubt an mich!

Ich werde euch wirklich verlassen, aber wenn ich vom Tode auferstanden bin, werden wir uns in Galiläa wieder treffen. Ich werde dort sein und auf euch warten.

Und wenn ich dann schließlich zu meinem Vater zurückkehre, werde ich euch dennoch nicht allein lassen, das verspreche ich euch. Ich werde meinen Vater bitten, euch einen anderen Beistand zu geben, der für immer bei euch bleiben soll. Es ist der Heilige Geist, den der Vater in meinem Namen senden wird. Ihr werdet ihn nicht sehen, aber er wird bei euch sein und euch Kraft und Mut geben. Mit seiner Hilfe werdet ihr euch an alles erinnern, was ich euch gelehrt habe, und er wird euch darin bestärken, mir treu zu bleiben.

Ich werde zu meinem Vater gehen und auch für euch dort einen Platz bereiten. Eines Tages hole ich euch dann zu mir. Ihr wisst, wo dieser Ort ist, und kennt den Weg.“

„Herr, wir haben keine Ahnung, wohin du gehst. Wie sollen wir dann den Weg dahin kennen?“, rief Thomas.

„Ich bin der Weg zu Gott“, antwortete Jesus. „Niemand kann zu Gott kommen außer durch mich.“

Reihum lesen

Klasse	Ab Klasse 3
Stundenthema	Jesus betet in Getsemani
Vorbereitung/ Material	Bibeltext Mk 14,32–42
Besonderer Nutzen (inkl. Kompetenzen)	Jesu Angst und Verzweiflung klarmachen und verdeutlichen, dass Jesu Tod die Konsequenz seiner Liebe zu Gott und den Menschen ist

Möglicher Ablauf

- Die Lehrperson liest Mk 14,32–42 vor.
- Verständnisfragen werden geklärt.
- Die Kinder erhalten den Text als Arbeitsblatt und werden aufgefordert, den einen Satz zu unterstreichen, der ihrer Meinung nach in dieser biblischen Geschichte der Wichtigste ist.
- Die Kinder lesen den Text so oft durch, bis sie den für sich passenden Satz gefunden und unterstrichen haben. Dann lesen die Kinder nacheinander reihum ihre Sätze vor und interpretieren so gemeinsam den Text.

Variante und Weiterführung	▪ Kinder, die den gleichen Satz haben, treffen sich an einer Stelle im Sitzkreis oder im Klassenraum und tauschen sich aus, warum sie genau diesen Satz am wichtigsten finden. So wird auch sichtbar, auf welchen Aussagen in dieser Lerngruppe der Schwerpunkt liegt. ▪ Anschließend können die Kinder sich auch noch in „gemischten" Gruppen zusammensetzen und ihre Wahl begründen. Dies erweitert oder verändert ggf. noch einmal den eigenen Blick auf den Text.

Material

Jesus betet in Getsemani (Mk 14, 32–42)

Sie kamen zu einem Garten mit dem Namen Getsemani. Jesus bat die Jünger: „Bleibt hier sitzen, während ich bete." Petrus, Jakobus und Johannes nahm er mit. Da überfiel ihn große Furcht und Angst und er sagte zu ihnen: „Auf mir liegt eine Last, die mich fast erdrückt. Bleibt hier und wacht!" Dann ging er ein Stück weiter, warf sich auf den Boden und bat Gott, ihm das Leid, wenn möglich, zu ersparen. „Abba, lieber Vater, du kannst alles! Lass diesen Kelch des Leides an mir vorüber gehen. Aber nicht was ich will, was du willst, soll geschehen." Jesus ging zurück und sah, dass die drei Jünger eingeschlafen waren. Er sagte zu Petrus: „Du schläfst? Kannst du nicht einmal eine einzige Stunde wach bleiben? Wacht und betet!" Wieder entfernte sich Jesus, betete, kehrte zurück und fand sie schlafend. Und auch beim dritten Mal konnten sie nicht wach bleiben. Da sprach Jesus: „Nun ist es genug. Jetzt wird der Menschensohn an die Gottlosen ausgeliefert. Der Verräter ist schon da."

Osterkerze gestalten

Klasse	Ab Klasse 4
Stundenthema	Warum wir Ostern feiern
Vorbereitung/ Material	Farbige Kerzen, Kerzenstifte, ggf. Wachsplatten und Messerchen
Besonderer Nutzen (inkl. Kompetenzen)	Sich mit der Bedeutung des Osterfestes auseinandersetzen und sie mithilfe von Farben und Symbolen sichtbar machen

Möglicher Ablauf

- Die Kinder kennen die wichtigsten Stationen und Personen von Jesu Leiden, Tod und Auferstehung. Dieses Vorwissen wird zu Beginn im Plenum aktiviert.
- Im Anschluss daran werden die Kinder aufgefordert, eine Osterkerze so zu gestalten, dass sie die Bedeutung des Osterfestes sichtbar macht, z. B.:
  - das Kreuz, an dem Jesus gestorben ist,
  - oder auch ein gelbes Kreuz, als Zeichen dafür, dass Jesus den Tod überwunden hat,
  - ein Herz, das zeigt, dass er aus Liebe zu den Menschen gestorben ist,
  - ein Engel, der die Auferstehung Jesu verkündet hat,
  - Brot und Wein als Erinnerung an das letzte Abendmahl und als Zeichen seiner Nähe in der Eucharistie.
- Wichtig ist, dass die Kinder ihre Symbole und Zeichen bewusst wählen und sie erklären bzw. begründen können.
- Wer möchte, kann seine fertiggestellte Kerze im Plenum vorstellen und Farbwahl und Gestaltungselemente erklären.

Tipp	Es ist sinnvoll, Kerzen in unterschiedlichen Farben anzubieten, damit die Kinder hier schon ihre zentrale „Oster-Farbe" wählen können.
Variante und Weiterführung	Statt Kerzenstiften können auch Wachsplatten angeboten werden, wenn die Nutzung von Messerchen in der Klasse kein Problem ist.

Fragen an ein Bild stellen

Klasse	Ab Klasse 3
Stundenthema	Das letzte Abendmahl
Vorbereitung/ Material	„Abendmahl" von Sieger Köder
Besonderer Nutzen (inkl. Kompetenzen)	Sich intensiv mit dem letzten Abendmahl auseinandersetzen, Fragen an die Personen des Bildes oder an den Maler stellen und Bezüge zur Eucharistiefeier der Kirche herstellen

Möglicher Ablauf

- Die Kinder sitzen im Sitzhalbkreis und betrachten das Bild „Das letzte Abendmahl" von Sieger Köder (zu finden im Internet).
- Zuerst tragen die Kinder gemeinsam zusammen, was sie auf dem Bild sehen und dann, wie sie das Bild deuten (Ich sehe …, Ich denke/vermute …).
- Danach betrachtet jedes Kind für sich noch einmal intensiv das Bild und notiert auf Zetteln Fragen dazu. Dies können Fragen an einzelne Personen des Bildes sein (z. B. die Frage an einen Jünger „Warum schaust du so traurig?" oder die Frage an Jesus „Bist du heute auch noch bei uns, wenn wir das Brot brechen?" etc.) oder Fragen an den Maler („Warum hast du so dunkle Farben gewählt?", „Warum hast du von Jesus nur die Hände gezeigt?" etc.).
- Anschließend liest ein Kind seine Frage vor und hängt sie neben das Bild.
- Wenn ein anderes Kind meint, die Frage beantworten zu können, stellt es sich neben Bild und Frage und beantwortet sie. Gegebenenfalls werden mehrere Antworten gehört.
- Wenn der Fragensteller die Frage als beantwortet empfindet, nimmt er sie wieder an sich.
- Fragen, auf die es keine befriedigende Antwort gibt, bleiben hängen. Sie machen sichtbar, dass es nicht auf alle Fragen eine Antwort gibt.

Variante und Weiterführung	Die Fragen können auch erst einmal alle gesammelt und geordnet werden. So wird deutlich, an welcher Stelle das Bild die meisten Fragen aufwirft. Erst in einem zweiten Schritt werden die Fragen dann nacheinander beantwortet.

Ein Bild kolorieren

Klasse	Ab Klasse 3
Stundenthema	Das Pfingstereignis
Vorbereitung/ Material	Text Apg 2,1–4, KV Ein Bild kolorieren, Buntstifte
Besonderer Nutzen (inkl. Kompetenzen)	Das Pfingstfest in Bezug zu seiner Ursprungsgeschichte (Apg 2,1–21) deuten

Möglicher Ablauf

- Die Kinder sitzen im Kreis.
- Die Lehrperson liest den ersten Teil der Pfingstgeschichte vor (Apg 2,1–4).
- Die Kinder erarbeiten, dass die Jünger vom Geist Gottes erfüllt sind, in fremden Sprachen von Gott erzählen können und von allen verstanden werden. Die Gefühle der Jünger, ihre Begeisterung werden besprochen.
- Anschließend erhalten die Kinder die Kopiervorlage und kolorieren das Bild mit den Farben, die sie für geeignet halten.
- Wer möchte, kann sein fertiges Bild vorstellen und die Farbwahl in Hinblick auf die Aussage des Textes begründen.

Variante und Weiterführung	Die Kinder betrachten das Bild „Pfingsten" von Emil Nolde und die von ihm gewählten Farben. Es wird besprochen, warum der Maler wohl diese Farben gewählt hat und welche Aussage der Geschichte dadurch besonders sichtbar wird.

Material

Pfingsten (Apg 2, 1–4)

Am fünfzigsten Tag nach dem Passahfest, dem jüdischen Pfingsttag, waren die Apostel und alle, die zu Jesus hielten, versammelt. Da hörten sie plötzlich vom Himmel her ein mächtiges Rauschen, einen mächtigen Sturm heranwehen. Das Rauschen erfüllte das ganze Haus, in dem sie waren. Dann sahen sie, wie Zungen wie Flammen auf sie herabkamen. Sie verteilten sich auf jeden von ihnen. Alle wurden vom Geist Gottes erfüllt und begannen in verschiedenen Sprachen zu reden, jeder wie es ihm der Geist Gottes eingab.

Name: Klasse: Datum:

Ein Bild kolorieren

Wir packen einen Erntedank-Korb

Klasse	Ab Klasse 1
Stundenthema	Dankbarkeit für die Gaben Gottes
Besonderer Nutzen (inkl. Kompetenzen)	Dankbarkeit für die Gaben Gottes zum Ausdruck bringen

Möglicher Ablauf

- Im Rahmen einer Unterrichtsreihe zum Erntedank-Fest können die Kinder zu Beginn jeder Religionsstunde Gott für seine guten Gaben danken.
- Ein Kind beginnt mit: Guter Gott, ich danke dir (z. B.) für das leckere Brot. Das nächste Kind wiederholt diesen Dank und fügt einen weiteren hinzu: Guter Gott, ich danke dir für das leckere Brot und für die warme Sonne. Jedes weitere Kind, das für eine Gabe dankt, wiederholt alles vorher Gesagte, bis kein Kind mehr für eine Gabe danken möchte oder alle Kinder einmal gedankt haben.
- Im Laufe der Unterrichtsreihe wird sich der Dank ausweiten auf Dank für die Eltern, die Freunde, eigene Talente etc. Die Form dieses Dankgebetes macht die Fülle der Dinge, für die wir Gott danken können, besonders deutlich.

Tipps	▪ Diese Form des Gebetes kann im Sitzkreis reihum durchgeführt werden (wer nicht danken möchte, gibt das Wort weiter). ▪ Alternativ kann dem nächsten Kind durch Zublinzeln das Wort erteilt werden. ▪ Sind die Klassen zu groß, kann man die Anzahl der Kinder vorher begrenzen oder das Gebet in Kleingruppen parallel stattfinden lassen. ▪ Wichtig ist, dass die Qualität der „Gabe" immer durch ein treffendes Adjektiv näher beschrieben wird.
Variante und Weiterführung	▪ Für ältere Kinder kann ein veränderter Satzanfang verwendet werden: Guter Gott, ich danke dir für die Gaben, die ich empfange, für das Brot, das ich esse, für die Sonne, die mich wärmt, für die Mutter, die mich liebt, für den Freund, der mit mir spielt etc.

Stern-Briefe

Klasse	Ab Klasse 2
Stundenthema	Advent – Ein Stern sein für andere
Vorbereitung/ Material	Gelbes Tonpapier mit Faltlinien (s. Faltanleitung)
Besonderer Nutzen (inkl. Kompetenzen)	Advent und Weihnachten als Fest der Erinnerung an Gottes Zuwendung deuten und diese Zuwendung selbst an andere weitergeben

Möglicher Ablauf

- Die Kinder sitzen im Sitzkreis.
- Die Lehrperson legt als stummen Impuls einen Papierstreifen mit dem Wort ADVENT in die Kreismitte. Die Kinder sammeln gemeinsam ihr Wissen über die Adventszeit.
- Die Lehrperson liest die Geschichte vom kleinen Stern vor (s. Material).
- Die Kinder erarbeiten gemeinsam, wie sie für andere so strahlen können wie der kleine Stern, wie sie das Leben anderer heller machen können.
- Anschließend basteln die Kinder aus gelbem Tonpapier einen Stern. Sie überlegen, wessen Leben sie heller machen möchten, beschriften den Stern für diesen Menschen mit einem Gutschein, lieben Worten oder Wünschen, Komplimenten o. ä.
- Die Kinder verschenken ihre Sterne und berichten in der nächsten Stunde, wie die Beschenkten reagiert haben.

Material

Der kleine Stern

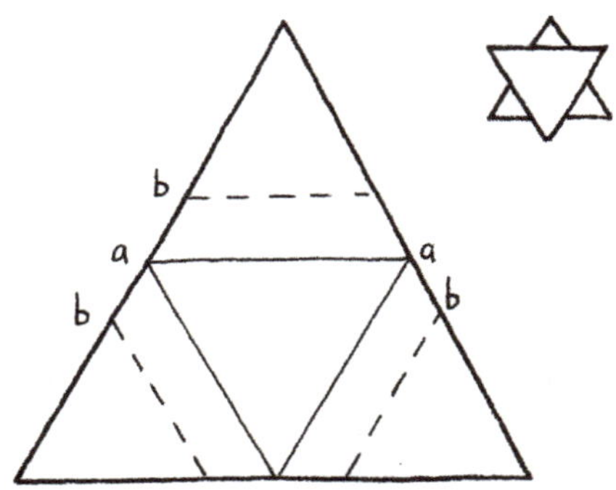

Es war wieder einmal Advent. Vom Himmel aus betrachtete ein kleiner Stern das Treiben auf der Erde: Es wurde gebacken, gebastelt, Tannenbäume wurden von einem Ort an den anderen gezogen und überall schleppten Menschen volle Einkaufstüten nach Hause. „Was machen die Menschen da nur?“, wunderte sich der kleine Stern. „Es ist doch Advent!“

Er beschloss, sich näher an die Erde heranzuschleichen – vielleicht konnte er das hektische Treiben dann besser sehen und verstehen.

Als der kleine Stern nah genug an die Erde herangekommen war, sah er zwei Kinder, die durch die Stadt liefen. „He, ihr zwei, könnt ihr mich hören? Ich bin hier oben!“, rief der kleine Stern. Die Kinder blieben verwundert stehen und blickten um sich. „Hier bin ich“, rief der kleine Stern, „hier oben“, und er leuchtete, so hell er konnte. Da sahen die Kinder den kleinen Stern. „Oh“, staunten sie, „wie schön du leuchtest!“ „Das tue ich für euch“, sagte der kleine Stern. Die Kinder waren verwundert. „Ja, weil doch Advent ist!“, erklärte er. Da dämmerte es den Kindern: „Ach ja“, sagten sie leise und schauten sich betreten an …

Betontes Lesen

Klasse	Ab Klasse 3
Stundenthema	Jesus wird geboren
Vorbereitung/ Material	Die Weihnachtsgeschichte (Lk 2,1–10)
Besonderer Nutzen (inkl. Kompetenzen)	Die Weihnachtsgeschichte deuten und Bezüge zum heutigen Weihnachtsfest herstellen

Möglicher Ablauf

- Die Lehrperson liest die Weihnachtsgeschichte vor.
- Dann erhält jedes Kind ein Arbeitsblatt mit der Geschichte.
- In Einzelarbeit lesen die Kinder die Geschichte mehrfach durch und unterstreichen die Wörter oder Satzteile, die für das Verständnis des Weihnachtsfestes besonders wichtig sind.
- Die Lehrperson liest den Text nun noch einmal langsam vor und die Kinder lesen jeweils das Wort bzw. den Satzteil, den sie unterstrichen haben, laut mit.
- Je mehr Kinder ein Wort oder einen Satzteil wichtig finden, je lauter bzw. betonter wird dies gelesen. So wird der Text gemeinsam interpretiert.

Tipp	Es ist wichtig, die Kinder darauf hinzuweisen, dass sie nicht zu viel unterstreichen sollen, sondern sich wirklich auf das Wichtigste beschränken sollen.
Variante und Weiterführung	Einzelne Kinder können die Weihnachtsgeschichte nach der Erarbeitung in Einzelarbeit auch selbstständig betont vorlesen, während die anderen zuhören und ihre unterstrichenen Wörter oder Satzteile laut mitlesen.

Material

Die Weihnachtsgeschichte (Lk 2,1–10)

In jenen Tagen erließ der römische Kaiser Augustus den Befehl: Alle Bewohner des Landes müssen sich in Steuerlisten eintragen. Da ging jeder an seinen Heimatort, um sich aufschreiben zu lassen.

Auch Josef, der von David abstammte, ging aus Nazaret in Galiläa hinauf nach Judäa in die Stadt Davids, die Bethlehem heißt. Er wollte sich eintragen lassen mit seiner Frau Maria, die ein Kind erwartete. Als sie dort waren, kam für Maria die Zeit der Geburt und sie brachte ihren ersten Sohn zur Welt. Sie wickelte ihn in Windeln und legte ihn in eine Futterkrippe, da ihnen im Gasthaus kein Platz gegeben wurde.

In der Gegend lagerten Hirten auf freiem Feld. Sie bewachten die Herde in der Nacht.

Rondell zu einem Bild

Klasse	Ab Klasse 3
Stundenthema	Die Heilige Nacht
Vorbereitung/ Material	Bild „Die Heilige Nacht" von Fritz von Uhde, Arbeitsblatt mit 8 nummerierten Linien
Besonderer Nutzen (inkl. Kompetenzen)	Mit eigenen Worten von der Geburt Jesu erzählen und die Botschaft des Weihnachtsfestes deuten: „Gott wird Mensch und kommt zu den Menschen"

Möglicher Ablauf

- Die Kinder sitzen im Halbkreis um das Bild „Die Heilige Nacht“ von Fritz von Uhde.
- Die Kinder beschreiben das Bild mithilfe des Satzanfangs „Ich sehe …“ und in einem zweiten Schritt mit „Ich denke …“ und erarbeiten so den Inhalt des Bildes. Mögliche Unklarheiten können geklärt werden.
- Die Kinder bekommen ein Arbeitsblatt mit 8 durchnummerierten und mit Symbolen markierten Linien (s. u.).
- Dann werden die Kinder angeleitet, das Bild still für sich ganz genau zu betrachten und ein Rondell dazu zu verfassen.
- „Was ist für dich der wichtigste Satz zu diesem Bild?“ (Schreibe ihn in die erste Zeile und auch noch in Zeile 4 und 7).
- „Lies dir deinen Satz noch einmal durch und betrachte wieder das Bild. Was ist dir noch wichtig? Schreibe dies in Zeile 2 und dann auch in Zeile 8.“
- „Was möchtest du noch sagen? Müssen Satz 1 und 2 noch ergänzt oder erklärt werden? Ist dir noch etwas anderes wichtig? Schreibe dies in die Zeilen 3, 5 und 6. Schreibe in jede Zeile etwas anderes.

Beispiel Arbeitsblatt

____

● 1 ______________________

■ 2 ______________________

◡ 3 ______________________

● 4 ______________________

✚ 5 ______________________

◆ 6 ______________________

● 7 ______________________

■ 8 ______________________

Tipp	Wenn die Kinder das Rondell kennen, können sie mit dem vorstrukturierten Arbeitsblatt selbstständig arbeiten. Dann ist nur eine kurze Anleitung zur genauen Betrachtung des Bildes notwendig.
Variante und Weiterführung	Diese Methode kann gut zu sehr vielen Themen eingesetzt werden: Ostern, Schöpfung, Heilige, Kirche etc. Man sollte nur darauf achten, qualitätsvolle und herausfordernde Bilder anzubieten.

Ein Gedicht über mich

Klasse	Ab Klasse 2
Stundenthema	Wenn ich ein … wäre …
Vorbereitung/ Material	Gedichtvorlage (s. Material)
Besonderer Nutzen (inkl. Kompetenzen)	Die (religiöse) Sprachfähigkeit weiterentwickeln, indem die Kinder über sich selbst in Bildern sprechen und die bildhafte Sprache der anderen Kinder verstehen und nachvollziehen

Möglicher Ablauf

- Die Kinder schreiben ein Gedicht darüber, was sie wären, wenn sie ein Tier, eine Pflanze, ein Spielzeug, eine Wetterlage, ein Nahrungsmittel, ein Musikinstrument, eine Farbe … wären.
- Die Kinder stellen ihre Gedichte vor und begründen ggf. ihre Wahl.

Variante und Weiterführung	▪ Wenn eine Lerngruppe sich gut kennt, kann man auch die Mitschüler raten lassen, wer sich hinter dem Gedicht verbirgt. ▪ In höheren Klassen kann man die Begründung auch gleich in dem Gedicht dazuschreiben lassen.

Material

Ein Gedicht über mich

Manchmal denke ich darüber nach,
was ich wäre, wenn ich kein Mensch wäre.

Dann denke ich:

wenn ich ein Tier wäre, wäre ich bestimmt ____________________

wenn ich eine Pflanze wäre, wäre ich bestimmt ____________________

wenn ich ein Spielzeug wäre, wäre ich bestimmt ____________________

wenn ich ein Musikinstrument wäre, wäre ich bestimmt ____________________

wenn ich Essen wäre, wäre ich bestimmt ____________________

wenn ich eine Farbe wäre, wäre ich bestimmt ____________________

Und dann denke ich:
Ich bin froh, dass ich bin wie ich bin!

Sinnespfad

Klasse	Ab Klasse 3
Stundenthema	Symbol Weg
Vorbereitung/ Material	Verschiedene Naturmaterialien
Besonderer Nutzen (inkl. Kompetenzen)	Das Symbol „Weg" deuten und Bezüge zum eigenen Leben herstellen

Möglicher Ablauf

- Die Kinder schreiten einen Weg aus Naturmaterialien mit geschlossenen Augen, geführt von einem anderen Kind, ab.
- Vorher werden sie aufgefordert, darauf zu achten, ob die Sinneseindrücke zu Erfahrungen auf ihrem bisherigen Lebensweg passen.
- Die Kinder notieren, über welche Materialien sie gegangen sind, wie sie sich angefühlt haben und zu welchen ihrer bisherigen Erfahrungen diese gegebenenfalls passen.

Tipp	▪ Der Auftrag, die Sinneseindrücke während des Begehens auf das eigene Leben hin zu reflektieren, muss deutlich herausgestellt werden.
Variante und Weiterführung	▪ Als Weiterführung kann der eigene Lebensweg mithilfe der ausgewählten Materialien auf einem Plakat gestaltet und beschriftet werden. ▪ Wenn es nicht möglich ist, einen Sinnespfad aufzubauen oder einen vorhandenen Pfad zu nutzen, können die Kinder auch zu einem Gedankenspaziergang angeleitet werden (siehe Material).

Material – Gedankenspaziergang

Schließe deine Augen und stell dir vor, du gehst aus dem Klassenzimmer heraus und den Flur hinunter.
Am Ende des Flures ist eine große Tür.
Du öffnest die Tür und siehst dahinter einen langen, verschlungenen Weg. Der Weg ist geteert.
Du fühlst den harten Belag unter deinen Füßen *(Pause).*
Du biegst um eine Ecke.
Der Weg führt in einen Wald.
Der Boden wird weich.
Du läufst über trockene Tannennadeln,
über weiches Moos,
durch matschige Pfützen.
Am Ende des Waldes mündet der Weg in einen Kieselpfad.
Du spürst die kleinen Steinchen unter deinen Füßen.
Am Ende des Kieselpfades stehst du wieder vor der großen Tür.
Du trittst hindurch und kommst wieder in die Klasse.
Langsam öffnest du die Augen und erzählst uns, was du gefühlt hast.

Fantasiereise – Baum

Klasse	Ab Klasse 2
Stundenthema	Ein Baum – von Gott geschaffen
Vorbereitung/ Material	Text Fantasiereise Baum, weißes Papier in verschiedenen Größen, Buntstifte, Filzstifte
Besonderer Nutzen (inkl. Kompetenzen)	Einen Baum bewusst wahrnehmen, auf die Mehrdimensionalität der Wirklichkeit aufmerksam werden und die Freude darüber zum Ausdruck bringen

Möglicher Ablauf

- Die Kinder sitzen im Kreis. Die Lehrperson leitet sie an, sich bequem hinzusetzen, ruhig zu werden und die Augen zu schließen.
- Die Lehrperson liest langsam und ruhig den Text vor.
- Nach der Fantasiereise bleiben die Kinder so lange ruhig im Kreis sitzen, bis sie wissen, ob sie ihren Baum malen oder zeichnen möchten oder ob sie aufschreiben möchten, was der Baum ihnen erzählt hat.

Tipp	▪ Es ist wichtig, nach den einzelnen Anweisungen bzw. Fragen ausreichend Zeit zu lassen, damit die Bilder in den Köpfen der Kinder entstehen können.
Variante und Weiterführung	▪ Die Fantasiereise kann auch im Rahmen einer Unterrichtsreihe zum Symbol Baum eingesetzt werden. ▪ Bei schönem Wetter bietet es sich an, die Beschäftigung mit einem Baum in der Natur durchzuführen. Der Text kann dazu entsprechend verändert werden.

Material – Fantasiereise Baum

Du verlässt jetzt diesen Raum (die Schule) und gehst in einen schönen großen Wald.
Die Sonne scheint, es ist warm. Im Wald ist es angenehm ruhig; du hörst nur die Vögel zwitschern.
Du kommst zu einer Lichtung: Ringsherum stehen schöne Bäume. Schau sie dir genau an und suche dir den Baum aus, der dich am meisten anspricht.
Du gehst ganz nah zu deinem Baum. Wie fühlt sich seine Rinde an?
Du schaust nach oben; wie sieht seine Krone aus, wie die einzelnen Blätter? Bewegen sie sich?
Kannst du durch die Blätter den Himmel sehen?
Gibt es Vögel in deinem Baum? Oder vielleicht andere Tiere: Bienen, Eichhörnchen, Schmetterlinge …?
Entdeckst du noch etwas anderes; vielleicht ein Nest oder Zapfen oder Früchte …?
Du setzt dich unter den Baum und lehnst dich an seinen Stamm.
Hör einmal genau hin: Vielleicht kannst du ja hören, was dir dein Baum erzählt …
Jetzt stehst du auf. Du schaust dir deinen Baum noch einmal ganz genau an. Merke dir gut, wie er aussieht und was er dir erzählt hat.
Wenn du dich von deinem Baum verabschiedet hast, kommst du wieder zurück, hierher in unseren Raum, in unser Klassenzimmer.

Mit Bildern von sich erzählen

Klasse	Ende Klasse 4 (vor dem Übergang auf die weiterführende Schule)
Stundenthema	Mein (Lebens-)Weg
Vorbereitung/ Material	Verschiedene Wegbilder
Besonderer Nutzen (inkl. Kompetenzen)	Bilder deuten und Bezüge zum eigenen Leben herstellen

Möglicher Ablauf

- In der Kreismitte liegen viele unterschiedliche Wegbilder.
- Jedes Kind sucht sich ein Bild aus, das zu seinem aktuellen Lebensweg passt.
- Mithilfe des Bildes erzählen die Kinder, was sie zurzeit beschäftigt und welche Hoffnungen bzw. Ängste sie vor dem kommenden Wegabschnitt haben.

Tipp	▪ Wenn man bei Suchmaschinen im Internet unter „Bilder" das Suchwort „Wege" eingibt, findet man eine sehr große Auswahl schöner Wege-Bilder. ▪ Man kann die Kinder auch vor Beginn der Unterrichtsreihe auffordern, selbst Wege-Bilder zu sammeln und mitzubringen. ▪ Jedes Kind muss die Möglichkeit haben, das passendste Bild für sich auszuwählen. ▪ Wenn möglich, sollte die Lehrperson von jedem Motiv mehrere Bilder haben. ▪ Wenn das nicht möglich ist, „teilen" die Kinder sich ein Bild und erzählen nacheinander dazu.
Variante und Weiterführung	▪ Die Kinder hören bzw. erinnern in den folgenden Stunden biblische Geschichten, die von der sorgenden Führung Gottes erzählen und von Menschen, die auf ihrem Weg auf Gott vertraut haben und stellen immer wieder Bezüge zu ihrem eigenen Leben her. ▪ Am Ende der Unterrichtsreihe können die Bilder noch einmal unter der Fragestellung genutzt werden: Welches Wegbild passt nun? ▪ Hat sich deine Sicht auf deinen Lebensweg verändert?

Mit Zuckerkreide malen

Klasse	Ab Klasse 1
Stundenthema	Symbol Licht – Wer und was macht mein Leben hell?
Vorbereitung/ Material	Schwarzer Karton, Zuckerkreide
Besonderer Nutzen (inkl. Kompetenzen)	Die Bedeutung des Symbols Licht gestalterisch umsetzen

Möglicher Ablauf

- Die Kinder sitzen an ihren Plätzen.
- Jedes Kind hat schwarzes Tonpapier (DIN A3) und Zugriff auf verschiedenfarbige Zuckerkreide.
- Die Lehrperson schreibt den Satz „Licht in meinem Leben?“ als stummen Impuls an die Tafel.
- Einige Kinder benennen exemplarisch Menschen und Dinge, die ihr Leben hell machen.
- Im Anschluss daran malen alle Kinder mit Zuckerkreide ihre „Lichter“. Die intensive Leuchtkraft der getrockneten Zuckerfarben unterstützt die inhaltliche Aussage der Bilder.

Tipp	Achtung: Nicht jede Kreide ist geeignet. Vorher unbedingt ausprobieren.
Variante und Weiterführung	Während des Malens kann leise Musik eine positive Stimmung erzeugen bzw. unterstützen. Die Methode kann auch im Anschluss an die Lichtmeditation (s. nächste Seite) angeboten werden.

Lichtmeditation

Klasse	Ab Klasse 3
Stundenthema	Jesus – Licht der Welt
Vorbereitung/ Material	Dunkles Tuch in der Kreismitte, Kerze, Streichhölzer
Besonderer Nutzen (inkl. Kompetenzen)	Das Symbol Licht deuten, Bezüge zum eigenen Leben herstellen und Jesus als Licht der Welt deuten

Möglicher Ablauf

- Die Kinder sitzen im Kreis.
- In der Mitte liegt ein dunkles Tuch. Darauf steht eine nicht angezündete Kerze.
- Die Lehrperson leitet zur Meditation an.

Tipp	▪ Die Lichtmeditation kann durch leise Musik untermalt werden.
Variante und Weiterführung	▪ Die Kinder können im Anschluss an die Meditation überlegen, wie sie Licht für andere sein und die Welt heller machen können. ▪ Die Kinder können überlegen, was es bedeutet, dass Jesus gesagt hat: „Ich bin das Licht der Welt."

Material

Anleitung zur Meditation

Das Tuch in unserer Mitte ist dunkel.
Eine Kerze steht dort, aber sie brennt nicht.
Es ist dunkel, wir sehen (fast) nichts.

Wir zünden die Kerze an. *(Kerze in der Mitte anzünden.)*
Das kleine Licht macht den dunklen Raum hell.
Wir schauen in die Flamme der Kerze.
Sie brennt ruhig und beständig.
Sie leuchtet hell.
Und sie schenkt Licht und Wärme.

Ein kleines Licht mit großer Wirkung.

Fantasiereise – Gottesbild

Klasse	Ab Klasse 1
Stundenthema	Mein Gottesbild
Vorbereitung/ Material	Text Fantasiereise: Mein Gottesbild, DIN-A3-Papier, Stifte
Besonderer Nutzen (inkl. Kompetenzen)	Darauf aufmerksam werden, dass man von Gott nur bildhaft sprechen kann und dass Gott größer ist als alle unsere Vorstellungen

Möglicher Ablauf

- Die Kinder sitzen an ihren Tischen. Vor ihnen liegen ein weißes Blatt Papier DIN A3, Buntstifte, Filzstifte, Wachsmalstifte, Wasserfarben.
- Die Kinder setzen sich bequem hin und schließen die Augen. Die Lehrperson liest den Text langsam und ruhig mit entsprechenden Pausen vor.
- Nach dem Vorlesen des Textes beginnen die Kinder ohne eine Unterbrechung mit dem Malen ihres Gottesbildes.
- Kinder, die mit dem Malen fertig sind, gehen in den Sitzkreis und stellen sich dort gegenseitig ihre Gottesbilder vor.
- Die Gottesbilder können in der Klasse aufgehängt oder in einem Buch zusammengefasst und stetig erweitert werden. So wird augenfällig, dass Gott letztlich alle unsere Vorstellungen übersteigt.

Material – Fantasiereise: Mein Gottesbild

Suche dir eine bequeme Haltung: Leg den Kopf in deine Arme und werde ganz ruhig.
Wenn du willst, kannst du die Augen schließen.
Achte auf deinen Atem, er kommt und geht.
Du vergisst alles um dich herum und wirst ganz ruhig …
Du gehst die Treppe hinunter … Unten entdeckst du eine neue Tür.
Du öffnest die Tür und findest ein Buch.
„Ich-bin-da" steht darauf.
Du öffnest das Buch und findest viele Bilder von Gott.
Du blätterst das ganze Buch durch.
Alle zeigen Gott – und keines zeigt Gott.
Die letzte Seite des Buches ist leer,
du schaust drauf und es entsteht DEIN Bild von Gott.
Schau es dir genau an!
Mit deinem Bild kommst du jetzt zurück.
Du schließt die Tür, gehst die Treppe hinauf.
Dein Bild ist immer noch bei dir.
Du weißt schon, mit welchen Farben du gleich malen wirst.
Du bist wieder zurück, öffnest deine Augen,
nimmst dir ein Blatt und malst DEIN Gottesbild. Du hast Zeit!

Ein Lied weiterschreiben

Klasse	Ab Klasse 2
Stundenthema	Wir fragen nach Gott
Vorbereitung/ Material	Lied und Psalmworte (siehe KV Wir fragen nach Gott)
Besonderer Nutzen (inkl. Kompetenzen)	Vorstellungen von Gott beschreiben und miteinander vergleichen, indem die Kinder diese in Liedstrophen zum Ausdruck bringen und gemeinsam singen

Möglicher Ablauf

- Die Kinder singen das Lied von D. Jöcker „Bist Du ein Haus aus dicken Steinen …" (Text siehe Kopiervorlage nächste Seite; Lied erhältlich im Menschenkinder Verlag, Münster).
- Im Anschluss wird besprochen, dass ein Mensch hier seine Gottesvorstellungen in Bildern zum Ausdruck gebracht hat. Außerdem wird über die Struktur der Strophen gesprochen: Es wird nach Gott mit einem Bildwort gefragt und dieses näher beschrieben.
- Die Kinder erhalten die Kopiervorlage, auf der sie strukturorientiert eigene Zeilen ergänzen können.
- Diejenigen Kinder, die keine Idee haben, mit welchen „Bildern" sie nach Gott fragen können, erhalten eine Auswahl von passenden Bildworten aus den Psalmen unter dem Text. Die Kinder wählen ein Psalmwort aus, welches gut zu ihrer Gottesvorstellung passt und schreiben mit diesem eine Liedstrophe.
- Im Anschluss werden jeweils drei Strophen (verschiedener Kinder) zusammengefasst, so dass mehrere neue Lieder entstehen, zu denen alle Kinder einen Beitrag geleistet haben.
- Die Lieder können zu Beginn der Religionsstunden gesungen werden. Dabei können gemeinsam passende Bewegungen erarbeitet werden.

Tipp	▪ Wenn den Kindern zu ihrem Wortbild kein Vierzeiler einfällt, können sie auch zwei Zweizeiler schreiben. Es werden dann entsprechend mehr Strophen zusammengefügt.
Variante und Weiterführung	▪ Die Lieder können in einem klasseneigenen Liederbuch gesammelt und stetig um neue Ideen ergänzt werden.

Name: Klasse: Datum:

Wir fragen nach Gott

(Melodie Detlev Jöcker / Text Reinhard Bäcker)

Bist Du ein Haus aus dicken Steinen,
mit Fenstern und mit einem Dach;
gibst Du den Großen und den Kleinen
stets ein Zuhause Tag und Nacht?

Bist Du ein Licht mit bunten Strahlen,
das meinen dunklen Weg erhellt?
Kann ich dich wie die Sonne malen,
die morgens in mein Zimmer fällt.

Bist Du ein Lied, das alle singen,
weil seine Melodie so schön,
bei dem wir lachen, tanzen, springen
und lauter gute Dinge seh'n?

Bist Du ein ______________________________

____

____

____

____

Passende Bildworte aus den Psalmen:
König, Mutter, Helfer, Fels, Burg, Retter, Schirm, Schutzschild …

Gebet mit allen Sinnen

Klasse	Ab Klasse 3
Stundenthema	Was ich dir sagen will
Vorbereitung/ Material	Textstreifen mit der Aufschrift: Farbe, Geschmack, Geruch, Aussehen, Ton/Klang, Erlebnisqualität
Besonderer Nutzen (inkl. Kompetenzen)	Gebetsfähigkeit und religiöse Sprachfähigkeit fördern, indem die Kinder ihr aktuelles Gefühl mit allen Sinnen beschreiben und sich mit einer abschließenden Bitte oder einem Dank Gott anvertrauen

Möglicher Ablauf

- Die Kinder kennen die elementaren Ausdrucksformen der Gottesbeziehung und wissen, dass sie sich im Gebet immer und mit allem vertrauensvoll an Gott wenden können. Die Lehrperson informiert die Kinder, dass sie mit dem „Gebet mit allen Sinnen“ eine Möglichkeit kennenlernen werden, Gott ihre eigene aktuelle Befindlichkeit sehr genau zu beschreiben und dann einen Dank, ein Lob, eine Bitte oder eine Klage an Gott anzuschließen.
- Die Lehrperson erarbeitet gemeinsam mit den Kindern ein Beispielgebet, indem sie sukzessive die einzelnen Schritte anheftet. Wichtig ist, dass jeweils verschiedene Antworten genannt werden, damit den Kindern klar wird, dass jedes Gefühl individuell verschieden beschrieben wird. Zum Unterstreichen dieses Aspekts kann das Kind jeweils ein „nein“ vor das beschriebene Gefühl setzen (s. Beispieltext).
- Die Lehrperson leitet die Kinder an, in sich hineinzuhören und zu erspüren, welches Gefühl im Moment das stärkste ist.
- Zu diesem Gefühl verfassen sie ein Gebet mit allen Sinnen, indem sie ihr Gefühl genau beschreiben (Farbe, Geschmack, Geruch, Aussehen, Ton/Klang, Erlebnisqualität) und mit einem entsprechenden Satz an Gott richten.

Beispieltext

Meine Freude ist helllila.
Meine Freude schmeckt nach Aprikosenmarmelade.
Meine Freude riecht nach Tulpenparfüm.
Meine Freude sieht aus wie eine schnurrende Katze.
Meine Freude klingt wie ein leichter Schlag auf eine Trommel.
Meine Freude ist wie Kettenkarussell fahren.
Danke, lieber Gott, dass ich so viel Grund habe, mich zu freuen.

Variante und Weiterführung	▪ Das Gebet mit allen Sinnen kann auch genutzt werden, um Fürbitten für andere Menschen zu formulieren. Hierzu ist es nötig, das dominierende Gefühl des anderen zu erspüren, sich darin einzufühlen und mit einer passenden Fürbitte für diesen Menschen zu enden.

Gebet weiterschreiben

Klasse	Ab Klasse 4
Stundenthema	Christus hat nur unsere Hände
Vorbereitung/ Material	Bild, KV Christus hat nur unsere Hände
Besonderer Nutzen (inkl. Kompetenzen)	Einfühlungsvermögen im Hinblick auf die Verwirklichung von Gottes- und Nächstenliebe zeigen

Möglicher Ablauf

- Die Kinder sitzen im Halbkreis vor dem Bild von Christus am Kreuz ohne Hände (s. Material). Der Text auf dem Kreuz ist verdeckt.
- Die Kinder beschreiben, was sie auf dem Bild sehen.
- Die Lehrperson deckt den Text auf dem Kreuz auf. Die Kinder äußern sich dazu.
- Die Lehrperson erzählt den Kindern, dass es zu diesem Bild ein Gebet gibt und hängt es neben das Bild (s. KV, die unausgefüllte Variante – der vollständige Text ist nur für die Lehrperson).
- Gemeinsam erarbeiten die Kinder die Bedeutung/Aussage der ersten Strophe.
- Diejenigen Kinder, die schon Ideen haben, wie sie die nächsten Strophen füllen können, gehen auf ihren Platz und beginnen zu schreiben.
- Die übrigen Kinder bleiben im Kreis und überlegen gemeinsam. Es kann ihnen auch noch die zweite Strophe vollständig präsentiert werden.
- Die restlichen Strophen füllen die Kinder alleine oder ggf. in Partnerarbeit.
- Die Texte werden im Plenum vorgestellt. Alle unterschiedlichen Ideen zu einer Strophe werden zu einem gemeinsamen, großen Gebet zusammengefügt. So wird die Vielfalt der Möglichkeiten, Gottes Liebe in menschlicher Fürsorge sichtbar werden zu lassen, augenfällig.

Material

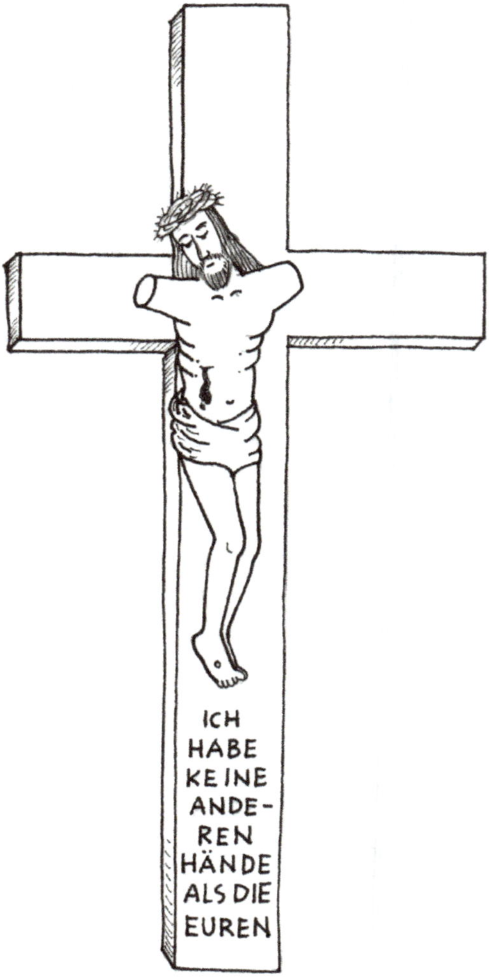

Name: Klasse: Datum:

Christus hat nur unsere Hände

Christus hat keine Hände, nur unsere Hände,
um seine Arbeit heute zu tun.

Christus hat keine Füße, nur unsere Füße,

um ____

Christus hat keine Lippen, nur unsere Lippen,

um ____

Er hat keine Hilfe, nur unsere Hilfe,

um ____

- -

Christus hat keine Hände, nur unsere Hände,
um seine Arbeit heute zu tun.

Er hat keine Füße, nur unsere Füße,
um Menschen auf seinen Weg zu führen.

Christus hat keine Lippen, nur unsere Lippen,
um Menschen von ihm zu erzählen.

Er hat keine Hilfe, nur unsere Hilfe,
um Menschen an seine Seite zu bringen.

(Gebet aus dem 14. Jahrhundert)

Wörterbörse

Klasse	Ab Klasse 3
Stundenthema	Gott ist für mich wie …?
Vorbereitung/ Material	Arbeitsblatt mit leeren Wortfeldern (siehe Beispiel 1), Arbeitsblatt für Text (und Bild) (siehe Beispiel 2)
Besonderer Nutzen (inkl. Kompetenzen)	Kompetenz erweitern, bildhaft von Gott zu sprechen und Wissen vertiefen, dass Gott größer ist als alle unsere Vorstellungen zusammen

Möglicher Ablauf

- Die Kinder sitzen an ihren Plätzen.
- Jedes Kind hat ein Arbeitsblatt mit einer leeren Wörterbörse und einen Stift vor sich.
- Die Lehrperson hängt den stummen Impuls „Gott ist für mich wie …?“ an die Tafel.
- Die Kinder schreiben ihre Assoziationen zu dem Impuls in die leeren Felder.
- In einem Museumsgang lesen die Kinder die Ideen der anderen Kinder und dürfen sich an deren Wörtern bedienen.
- Die für sie 3 bis 5 treffendsten Wörter (eigene und/oder fremde) notieren sie auf einem zweiten Arbeitsblatt und verfassen im Anschluss daran einen kurzen Text zu dem Thema „Gott ist für mich wie …“.

Tipp	Eventuell müssen die Kinder darauf hingewiesen werden, dass das Nutzen fremder Wörter kein Abschreiben ist.
Variante und Weiterführung	Der Text kann noch mit einem passenden Bild vertiefend gestaltet werden. Alle Arbeiten können in einem „Buch über Gott“ gesammelt werden.

Beispiele

1

2

Trostkarten

Klasse	Klasse 4
Stundenthema	Mit Trauer umgehen
Vorbereitung/ Material	Gedicht „Memento" von Mascha Kaléko
Besonderer Nutzen (inkl. Kompetenzen)	Von eigenen traurigen Erlebnissen erzählen, Einfühlungsvermögen in traurige Situationen anderer zeigen und Trost in Antworten der Bibel suchen

Möglicher Ablauf

- Die Lehrperson liest den Kindern das Gedicht „Memento“ vor.
- Die Kinder erfahren, dass Mascha Kaléko das Gedicht geschrieben hat, nachdem ihr Kind gestorben ist.
- Der Inhalt wird interpretiert und Verständnisfragen geklärt.
- Im Anschluss daran überlegen die Kinder gemeinsam, welche christlichen Glaubensüberzeugungen Menschen, die einen nahestehenden Menschen verloren haben, Trost und Hoffnung schenken könnten. Die Möglichkeiten werden gesammelt.
- Abschließend gestalten die Kinder eine oder mehrere „Trostkarten“ mit der bzw. den Glaubensüberzeugungen, die sie für die tröstlichsten halten.

Tipp	Das Gedicht ist sehr anspruchsvoll und sollte nur in sehr leistungsstarken Klassen eingesetzt werden.
Variante und Weiterführung	Die Karten werden in einer „Trostkiste" gesammelt. Die Kinder können sie frei weiter ergänzen. Sie können die Trostkarten als Anregungen nutzen, wenn sie in die Situation kommen, jemanden trösten zu wollen oder selbst Trost benötigen.

Material

Memento

Vor meinem eig‘nen Tod ist mir nicht bang,
nur vor dem Tode derer, die mir nah sind.
Wie soll ich leben, wenn sie nicht mehr da sind?

Allein im Nebel tast ich todentlang
Und lass mich willig in das Dunkel treiben.
Das Gehen schmerzt nicht halb so wie das Bleiben.

Der weiß es wohl, dem Gleiches widerfuhr –
Und die es trugen, mögen mir vergeben.
Bedenkt: Den eignen Tod, den stirbt man nur;
Doch mit dem Tod der andern muss man leben.

Mascha Kaléko

Unser Buch der Fragen

Klasse	Ab Klasse 1
Stundenthema	(Begleitend zu allen Unterrichtsreihen)
Vorbereitung/ Material	Ein ästhetisch ansprechendes Notizbuch mit der Aufschrift „Unser Buch der Fragen"
Besonderer Nutzen (inkl. Kompetenzen)	Wachheit für die großen Fragen des Lebens anbahnen; die Lehrperson hat so die Möglichkeit, die Themenwahl und die Planung der Unterrichtsreihen an den Fragen der Kinder zu orientieren

Möglicher Ablauf

- In der ersten Religionsstunde in einer neuen Klasse zeigt die Lehrperson den Kindern „Unser Buch der Fragen".
- Sie verdeutlicht ihnen, dass sie zu jedem Zeitpunkt die Möglichkeit haben, aufkommende religiöse Fragen darin zu notieren. Zudem informiert sie die Kinder, dass sie ihre Fragen bei der Planung der Religionsstunden berücksichtigen wird.

Tipps	▪ Das Buch sollte einen festen Platz im Klassenraum haben und ein Stift sollte mit dem Buch fest verbunden sein. ▪ Es sollte ritualisiert werden, dass am Ende einer Unterrichtsreihe thematisiert wird, welche Fragen beantwortet werden konnten und welche nicht.
Variante und Weiterführung	▪ Die nicht beantworteten Fragen können in späteren Unterrichtsreihen wieder aufgegriffen werden. Zudem wird den Kindern deutlich, dass nicht jede (große) Frage eindeutig beantwortet werden kann.

Themenquiz

Klasse	Ab Klasse 3
Stundenthema	(Fast) jedes Thema ist geeignet
Vorbereitung/ Material	Leere Quizkarten
Besonderer Nutzen (inkl. Kompetenzen)	Neu erworbenes Wissen überprüfen

Möglicher Ablauf

- Während der gesamten Unterrichtsreihe erstellen die Kinder Quizkärtchen. Auf die eine Seite schreiben sie eine Frage zum Thema, auf der anderen Seite notieren sie die Antwort.
- Die Kärtchen werden gesammelt und ggf. rechtschriftlich richtig abgetippt.
- Am Ende der Unterrichtsreihe wird das Quiz im Plenum oder in Kleingruppen gespielt. Ein Kind beginnt und liest die erste Frage vor. Wer die Antwort weiß, bekommt das Kärtchen und darf die nächste Frage vorlesen.

Tipp	▪ Im Plenum sollten die Kinder in Gruppen spielen und gemeinsam Kärtchen sammeln können. Auch in den Kleingruppen sollte man überlegen, ob man zwei Mannschaften bildet.
Variante und Weiterführung	▪ Die Quizkarten können thematisch geordnet in der Reli-Ecke (oder der Freiarbeitsecke) gesammelt werden. So können die Kinder ihr im Religionsunterricht erworbenes Wissen immer mal wieder auffrischen.

Material – Quizkarten

Reflexion des eigenen religiösen Lernens

Klasse	Ab Klasse 2
Stundenthema	Meine „Reli-Schatzkiste"
Vorbereitung/ Material	„Schatzkisten"
Besonderer Nutzen (inkl. Kompetenzen)	Differenzierte Selbstwahrnehmung, die Reflexion des eigenen Lernprozesses und die aktive Mitgestaltung des eigenen Lernens überprüfen

Möglicher Ablauf

- Die Kinder werden regelmäßig angeregt, die Schätze, die sie aus einer Unterrichtsreihe mitnehmen, in ihrer persönlichen Schatzkiste zu sammeln. Schätze können neue Erkenntnisse sein, Kunstwerke oder eigene Bilder, (biblische) Geschichten, Gebete, Lieder, Gedichte die das Kind besonders angesprochen haben, eigene Texte, besonders gut gelungene Arbeiten, Fragen, die noch nicht beantwortet sind etc.
- Zur Unterstützung der Reflexion des eigenen religiösen Lernprozesses kann die Lehrperson auch Bögen erstellen, in denen konkret nach dem in der Unterrichtsreihe angestrebten Kompetenzzuwachs gefragt wird.
- Auch Bögen, auf denen nach der geleisteten Anstrengung, dem Einsatz bei Gruppenarbeiten und der Zuverlässigkeit und Sorgfalt bei der Aufgabenerledigung gefragt wird, regen die Selbstreflexion der Kinder an und können in der Schatzkiste gesammelt werden.
- In Schatzkisten-Stunden können die Kinder, die dies möchten, den anderen Kindern ihre Schätze zeigen und dazu erzählen.

Tipp	Als Schatzkiste können Schuhkartons dienen, die die Kinder bekleben und individuell gestalten.
Variante und Weiterführung	Die Schatzkiste kann auch wie ein Portfolio geführt und zur Leistungsbewertung hinzugezogen werden. Dies muss den Kindern dann von Beginn an transparent gemacht werden.